青少年篮球
教学训练体系研究

石　颖/著

吉林大学出版社

·长　春·

图书在版编目（CIP）数据

青少年篮球教学训练体系研究/石颖著.—长春：
吉林大学出版社, 2020.9
ISBN 978-7-5692-7549-0

Ⅰ.①青… Ⅱ.①石… Ⅲ.①青少年—篮球运动—教
学研究②青少年—篮球运动—运动训练 Ⅳ.① G841.2

中国版本图书馆 CIP 数据核字（2020）第 214924 号

书　　名　青少年篮球教学训练体系研究
　　　　　QINGSHAONIAN LANQIU JIAOXUE XUNLIAN TIXI YANJIU

作　　者　石　颖　著
策划编辑　孟亚黎
责任编辑　孟亚黎
责任校对　樊俊恒
装帧设计　马静静
出版发行　吉林大学出版社
社　　址　长春市人民大街 4059 号
邮政编码　130021
发行电话　0431-89580028/29/21
网　　址　http://www.jlup.com.cn
电子邮箱　jdcbs@jlu.edu.cn
印　　刷　三河市铭浩彩色印装有限公司
开　　本　787mm×1092mm　1/16
印　　张　13.25
字　　数　237 千字
版　　次　2021 年 3 月　第 1 版
印　　次　2021 年 3 月　第 1 次
书　　号　ISBN 978-7-5692-7549-0
定　　价　64.00 元

前　言

　　篮球运动是当今世界上开展得较为广泛的体育项目之一,其所具备的诸多特点与价值能让参与其中的运动者受益匪浅,特别是对广大青少年的身心发展有着诸多促进作用。正因如此,绝大多数学校都将篮球运动纳入教学内容体系和课外活动当中,如此使这项运动在学校这一以青少年教育为主要职责的平台上发挥着积极作用。

　　为青少年提供优质的篮球教学与训练活动是提升他们篮球技能的重要举措。随着现代篮球运动的不断发展,其在教学与训练方面上也有了较之以往很多的不同,然而在实践中发现青少年的篮球教学与训练中仍然存在着教学内容陈旧、教学方法不适配、教学手段单一等问题,如此都会对青少年的篮球技能精进带来阻碍。为此,特撰写《青少年篮球教学训练体系研究》一书,以期为我国青少年篮球技能的提升做出绵薄贡献。

　　本书撰写了八章内容。第一章首先阐述了青少年篮球的相关理论,包括篮球运动的基本知识、青少年的身心发展特点以及篮球运动对青少年的影响等;第二章阐述了青少年篮球文化的内容,具体为篮球文化的内涵与特点、功能,青少年篮球赛事文化欣赏以及青少年篮球文化的构建与实施;第三章对青少年篮球的教学与训练理论进行了研究;第四章和第五章则分别对篮球技术和战术的教学与训练的实践内容进行了指导;第六章从力量、耐力、速度、柔韧和灵敏这五大身体素质出发,指导了青少年篮球专项身体素质训练;第七章关注的是青少年篮球意识的培养,这对于进一步提升青少年的篮球运动能力和扩展他们的上升空间有着非常大的意义;第八章则从疲劳的恢复、营养的补充以及常见运动损伤的处理与应对三方面探讨青少年篮球教学与训练的医务保障问题,以便青少年更安全地参与篮球运动,收到身心健康的效果。

　　总体来看,全书有着结构清晰、逻辑紧密、图文并茂等特点。不论是对篮球理论知识的阐述还是对实践技能的指导都较为严谨,如此使本书具有较强的专业性、知识性和实用性。

本书在撰写过程中参考和借鉴了一些国内外相关学者的研究成果，在此特向他们表示感谢！由于受时间所限，成书后难免还存在一些疏漏和不当之处，恳请广大读者予以批评指正，不胜感激！

作　者
2020 年 5 月

目　录

第一章　青少年篮球概述

篮球是一项在世界范围内都广泛开展的重要体育运动项目,其所具备的众多特点使得其对于任何群体来说都有着非常高的锻炼价值,能让人们通过参加这项运动而获益。青少年是篮球运动的重要参与群体,不论是在学校还是公共体育场馆中,都能看到青少年参加篮球运动的身影。为此,本章就对篮球运动的基本理论及青少年的身体发育情况进行阐述,并特别分析了篮球运动给青少年带来的积极影响。

第一节　篮球运动概述

一、篮球运动的起源

篮球运动起源于 1891 年,起源地是美国的马萨诸塞州,创始者为奈史密斯博士。当时美国正遭受特大暴风雪,导致美国最为流行的棒球运动无法开展,马萨诸塞州斯普林·菲尔德市基督教青年会学校教师奈史密斯博士受青年会的委托,设计发明了篮球这种新型运动项目。奈史密斯博士从当地儿童喜欢用球投桃筐的游戏中受到启发,同时借鉴了一些其他运动项目的规则与方法,发明了篮球这项运动。篮球运动不受天气、时间等客观因素的影响,可以在室内、室外及任何时间段进行。同时,篮球运动讲求文明,同时也体现出一定的对抗性,这样更容易被广大民众尤其是青少年群体所接受。

篮球运动最初的比赛规则非常简单,比赛场地为南北向,对参与人数多少、比赛时间的长短及场地的面积都没有明确硬性的规定,只是要求比赛分成队员人数相等的两方。篮球球篮采用的是桃筐,悬在离地面约 3 米的墙上,每次进球之后通过扶梯将球取出。篮球比赛的方法是,双方的运动员各站在本方端线外,裁判站于中线位置将篮球抛向场地内,双方运动员一起冲进场地中间进行抢球,并以将篮球投入对方篮筐的方式进行攻守对抗。每次将球投入篮筐之后，按此程序再继续进行比赛直到结束，最后通过比较双方的进球数来判定比赛的胜负。比赛中本方每投进一个球得一分，如果平局，经双方队长协商同意，进行延时比赛并以谁先投进一球为止。

由于篮球运动具有很强的运动性与趣味性，同时还具备一定的健身功能，因此在游戏的基础上内容不断丰富，规则也逐渐完善，在不断的发展变革中形成了现代篮球这项运动。

二、篮球运动的发展

（一）篮球运动的发展历史

1.篮球运动的初创时期

1891年，奈史密斯创造了篮球运动。从这时起到20世纪20年代属于篮球运动的初创时期。在这一时期，篮球运动只是一项区域性显著的大众娱乐游戏，其更多是在公共运动场所和学校中开展。后来，随着对抗性的增加，逐渐吸引了更多运动爱好者的关注和参与，其后来庞大的群众基础也是从这一点一滴开始积累的。

在篮球运动的初创时期，这项运动逐渐传播开来。1892年，篮球运动传播到美国的邻国墨西哥，1893年传入法国，1895年传入英国和中国，1896年传入巴西，1897年传入捷克，1901年传入日本和伊朗等。就这样，篮球运动呈蔓延之势快速在世界范围内传播，进而成为世界范围内知名度较高的几项运动之一。

在篮球运动初创时期，在规则上也有一定的发展变化。最初的篮球运动规则为奈史密斯于1892年制定的《青年会篮球规则》。该规则中的内容有5项原则与13条规则，其中涉及运动设施和器材的规格、场地规格、简单的比赛方法、裁判设置等。这个规则较为基础和简陋，甚至都没有对双方上场的人数做出限制，只要求双方派出的比赛人员数量相同即可。从1893年到1897年，奈史密斯对篮球规则做出了一些调整和完善，这些努力使得篮球比赛更加简化，如通过中圈跳球的形式作为比赛开始的方式；球员可换手运球；出现了犯规后的罚球。规则的改变使得球队也设置了球员场上的位置，出现前锋、后卫等职责上的区分。后来，在1901年的规则中规定的运球球员不能投篮的规定，于1908年废除。

运动器材在这一时期的变革也是较大的。1892年，奈史密斯重新对篮球场地进行了三段式划分，三段分别标识了后场、中场和前场，场地尺寸也出现了100英尺×50英尺、90英尺×45英尺和70英尺×35英尺（1英尺=0.3048米）三种。篮球筐的质地也发生了变化，由最早的木质筐变为开始用带篮网的铁质篮圈、木质篮板与系带球。1915年，美国对国内的篮球比赛规则进行了一次统一，还对篮球场地与设施做出了改变，如在场中增加了几条标识线、限制线和罚球线等。篮圈也基本固定为使用铁质圆圈，篮圈下的挡网换为木质的不规则挡板。到了20世纪20年代末，篮球场地中又添加了限制区和罚球时抢篮板球员的站位线等标识线。

从技战术上来看，这一时期的技战术不论是进攻端还是防守端，都显得较为简单，尚没有系统性的技战术套路，如此经常能在篮球比赛中看到尽管一开始队员之间有位置上的分工，但打着打着就出现各自为战、扎堆抢球的有趣场面。在进攻端时，一些懂得配合的球员还尝试使用快攻、传切、掩护战术，但也是以基础配合为主，防守端则主要为人盯人防守战术。

2. 篮球运动的初步完善时期

20世纪30年代至40年代是篮球运动的初步完善时期。这一时期最为重要的篮球事件是，1932年6月18日国际业余篮球联合会在瑞士日内瓦成立。该联合会的总部设在意大利的罗马。起初有8个国家作为会员加入了联合会。国际业余篮球联合会在成立之后，作为当时国际上唯一一个代表篮球运动的国际组织，在协调各国篮球运动和推动篮球运动发展等方面都做出了不少贡献，并且非常注重篮球运动"入奥"，认为只有努力将篮球运动发展为奥运会比赛项目，才称得上是这项运动的崛起。在该联合会的努力下，篮球运动正式成为1936年柏林奥运会的比赛项目，由此也宣告了篮球运动竞技化的实现。

在规则方面，这一时期的变化主要为在1932年的规则变化中增设了3秒、5秒、10秒等进攻时间限制，并且对球来到前场后再回到后场做出了规定；增改了进攻限制区；比赛时间分为上下各20分钟的两节。此后，国际篮联在1936年出版了第一版《篮球规则》，在这一规则中正式限定了每队的上场人数为5人；取消了此前在一方投中得分之后还需要回到中圈跳球开球的规则，改为失分的一方在本方底线外发球恢复比赛的方法；由单裁判员临场制改为双裁判员临场制，这一改变在增加了判罚准确度的基础上也增加了篮球比赛水平。在20世纪40年代之后，对规则的改变体现在扩大了篮球进攻限制区至5.8米；球员累计犯规4次将被取消比赛资格。

在场地器材方面，这一时期的变化主要为增设了进攻限制区，即3秒区。到了20世纪40年代，篮球的篮板出现了长方形和扇形两种，这两种形状的篮板都是官方许可的样式；中圈也划分出了跳球圈与禁圈；球场罚球区的两侧到端线等。

在技战术方面，这一时期的变化主要为出现了单手传接球和单手投篮的技术，在行进运球中也出现了双手交替运球的技术。这些变化也促使更多战术出现，最显著的变化就是球队的进攻更加依赖团队配合，过往那种非常依赖单兵能力的作战方式已经大大减少。在防守战术上也更加注重团队联合防守的效果，区域联防结合人盯人的防守战术广泛流行起来。

3. 篮球运动的成熟时期

篮球运动发展的成熟时期是 20 世纪 50 年代至 60 年代。20 世纪 50 年代之后，球员的身高成为很大程度上决定比赛优势地位的要素。在这一趋势的影响下，各队都致力于打造高大化队伍，也正是在此时期，一些围绕高中锋展开的战术非常盛行。20 世纪 60 年代末，篮球运动在世界范围内总体形成了两派，一派是以美国篮球为代表的集高度、速度、技巧合一的战术打法，另一派则是以欧洲篮球为代表的高度与力量相结合的打法。这也是篮球运动的发展进入成熟时期的一个标志。

在规则方面，这一时期的变化主要为将进攻限制区变为 5.8 米 ×3.6 米的梯形；增设进攻时间为 30 秒的限制；增设了进攻球员在前场持球不得超过 5 秒的限制；取消了中线。

在技战术方面，这一时期的变化主要为球员从过去更加注重对主要技术的强化转变为更加追求技术的全面性。战术上的变化为进攻端更多利用高大中锋的站桩策应作用，多采用快攻、传切、突分等战术。防守端的战术多为全场紧逼、区域联防和人盯人混合使用的防守战术。

4. 篮球运动的完善时期

篮球运动发展的完善时期是 20 世纪 70 年代至 80 年代。20 世纪 70 年代之后，篮球运动员高大化的趋势愈演愈烈，球队中球员几乎都为 2 米以上，如此一来场上双方对空间的争夺愈发激烈。但随之而来的是高度与速度之间的矛盾，即球员身材越高大，身体灵活度越差，而小个球员灵活度好，但高度不足又有劣势。这一时期规则上的一些变化使得这种矛盾有了一定程度的缓解，使高度和速度融合出一种平衡，此时期的篮球向着灵巧、准确及多变的方向发展。

在规则方面，这一时期增加了球回后场的限制；限定了球队总犯规次数；规定了对已完成投篮动作的犯规，如果球进则加罚 1 球的规则。到 20 世纪 80 年代，设定了"垂直原则"和"合法防守位置"等身体接触原则,这一规则对攻防两端的球员行为的改变可谓是划时代的。1984 年,篮球规则规定球场面积改为 28 米 × 15 米,球场高度不能低于 7.5 米;增加了三分线;增设了全队每半时 7 次犯规后进行"1+1 罚球"的规则。这一时期的这几项规则的增加或改变均对此后的篮球运动进入全面发展时期起到了重要的推动作用。

在技战术方面,这一时期的变化主要为球员的技术普遍得到了全面提升,这种技术提升在进攻技术和防守技术中都有着良好体现。由此也涌现出了一批个人能力极为突出的球员。战术上,过往相对单一的进攻战术逐渐被综合移动的进攻战术所替代,防守端的战术也更具侵略性和破坏性。

5. 篮球运动的飞跃时期

篮球运动发展的飞跃时期是从 20 世纪 90 年代开始至今的。1992 年,国际奥委会为了增加奥运会篮球比赛的精彩程度,允许职业篮球运动员参加奥运会篮球比赛。由此,篮球运动的发展来到新的阶段。也正是在此时,职业篮球大行其道,成为篮球运动发展的标杆。

在规则方面,这一时期的变化主要有:出于保护运动员的需要,将篮板下沿的高度提高到 2.90 米;将原先规定的"1+1 罚球"改为两次罚球;比赛时间上制定了 2×20 分钟和 4×12 分钟两种模式;当比赛来到整场的最后两分钟时要按比赛的净时间计算时间;对比赛中球员出现违反体育道德的犯规的处罚更加严厉。1999 年 12 月,国际篮联再度宣布了一批篮球新规,主要改变有:比赛时间改为 4×10 分钟制;一方获得球权后的进攻时间为 24 秒;控球方球出后场的时间改为 8 秒;每队每节在累计 4 次犯规后的任何犯规都要采取两次罚球的处理办法。

在场地器材方面,这一时期的改变主要是缩小了篮板周边的尺度,且增加了篮板周边的胶皮保护圈。

在技战术方面,这一时期的改变主要有运动员的技战术能力得到了全面发展,更多有着极强综合实力的球员涌现;运动员通过更加多样的技战术对时间和空间进行争夺;身体对抗技术得到了更频繁的运用;球员的个人能力经常成为拯救球队的法宝;攻守转换战术得到了普遍重视和较多应用;进攻战术更加追求变化和实用,立体化的进攻备受推崇。

(二)中国篮球运动的发展

1. 中国篮球运动发展的历史

1895 年,中国天津基督教青年会第一任总干事来会理将篮球运动带入天津,天津成为中国篮球运动的发源地。1896 年,天津基督教青年会举行了篮球比赛,这是中国历史上的第一场篮球比赛。篮球运动进入中国后,从天津传播到北京、保定等华北城市,随后是上海、南京、苏州、杭州等江南沿海地区,武汉、重庆等华中地区,广州、香港等华南地区,遍布全中国。篮球运动在中国最初流行于青年会组织、教会学校,在受到广泛关注后逐步推向社会,成为广大人民群众喜闻乐见的体育运动项目,至今已有百余年的历史。

中华人民共和国成立后,所有事业开始逐步发展起来,我国篮球运动进入了空前的普及、发展和提高时期。为了提高中国的篮球水平,20 世纪 50 年代初,中央体训班篮球队在北京成立。为了摆脱落后局面,中国的相关部门高度重视,更新篮球文化与观念,加快篮球专业队伍的选拔与建设,学习邻国的先进打法,积极参加国际比赛。通过一系列的努力,中国篮球水平有了进一步的提高。之后不久,各大地区都组建了篮球集训队,篮球运动跨入了新的发展时期。1955 年,我国开始实行全国篮球联赛制度,我国篮球运动逐渐有了指导思想。在之后两年,开始实行篮球等级升降级联赛制度和教练员、裁判员等级制度。到了 20 世纪 60 年代,我国篮球运动已与世界接轨,战胜了不少欧洲强队。进入 20 世纪 70 年代中期后,在体育事业上,各类项目拨乱反正,篮球竞技运动确立了赶超国际水平的新目标,并重新强调"积极主动、勇猛顽强、快速灵活、全面准确"的训练指导思想和贯彻"三从一大"的科学训练原则。

1995 年,国家体委(现为国家体育总局)确立了"坚持正确方向、抓住有利时机、继续深化改革、发展体育事业"的指导思想。受此影响,中国篮协制定"积极稳妥、健康有序"的改革方针。1995 年,全国篮球甲级联赛正式开赛。此后,中国篮球协会开始对全国篮球联赛进行改革,以职业化、商业化为导向。1997 年,国家体育总局篮球运动管理中心正式成立,标志着中国篮球在管理体制改革上迈出了重要的一步。中国男子篮球联赛正式更名为"CBA 篮球联赛"。通过相关机构的全方位的改革,中国篮球事业发生了全面的变化,呈现出生机与活力。CBA 联赛受到广大球迷的热烈关注,姚明、王治郅、巴特尔、刘玉栋、胡卫东、孙军等球员的出色表现是大家津津乐道的话题。CBA 联赛已成为全国各类企业扩大市场、体现实力、增加知名度的新舞台。2017 年,姚明就任新一届中国篮协主席,并对中国篮球进行了一系列改革,我国篮球运动水平稳步提高。

2. 中国小篮球运动开展的情况

"小篮球运动"是指小篮球、篮筐、场地、适宜的比赛规则,根据少年儿童的生理、心理特点,在成人篮球比赛规则的基础上开展的一项少年儿童体育活动项目。简而言之,"小篮球"运动就是适合年龄为 12 岁及 12 岁以下的男孩和女孩开展的篮球运动。

20 世纪 50 年代,美国的小篮球运动兴起。20 世纪 60 年代后,它被引入欧洲。经过不断的演变和改革,成为许多国家青年竞赛和训练的基础。到目前为止,小篮球在世界各个国家都发展得非常不错。

我国早在 40 年前就试图推广小篮球运动,并在 1973 年出台了中国小篮球竞赛规则,但是在推广过程中受到种种因素的影响没有达到理想的效果。

2017 年,中国篮协举行了小篮球发展计划暨小篮球联赛的启动仪式,并提出了"小篮球,大梦想"的发展口号。中国篮协在原有的小篮球发展计划的基础上,制定了新的小篮球规则。

2018 年中国篮协推出了以"小篮球,大梦想"为口号的小篮球联赛,在全国各省市开始出现小篮球联赛的热潮。截至 2018 年 5 月底,我国开展小篮球联赛的城市达到 192 个,赛区有 334 个,参赛报名的球队达到了 1.5 万支球队,报名参赛的运动员有十万余人,小篮球联赛逐渐开展起来。

中国篮协主席姚明在 2018 年两会上提出了推广小篮球运动的草案,希望将"小篮球"做成更加标准化、更具操作性、更符合中国青少年身心发展特点的项目。

目前,我国小篮球运动蓬勃发展,但在相关政策、受重视程度、师资力量、硬件设施、组织机构、家长态度等方面还存在一些限制条件,我国小篮球运动的进一步推广发展还需社会各界共同努力。

三、篮球运动的特点

(一)篮球运动的集体性

篮球是一项由每队 5 人共同完成的运动项目。对阵双方的比赛,实际上是团队与团队之间的对抗,这使得球队要想获得比赛的胜利,不仅需要依靠出色的个人能力,还需要在这一基础上与队友协作,共同完成比赛目标。而且,这种团队协作的特征除了对于在场上拼搏的球员适用外,场下的教练团队和后勤保障团队也是集体的一分子,只有团队中负责不同职责的人员共同付出努力,才能让团队高效运转。这就是篮球运动的集体性。

（二）篮球运动的对抗性

篮球运动具有对抗性的特点。篮球运动中的对抗性特点可谓无处不在。在比赛中,对抗性首先体现在运动员的身体上,即场上球员之间的身体接触非常频繁且激烈。其次,体现在个人或团队之间的进攻与防守的对抗上,这是篮球运动的基本特征和开展方式,这使得只要在场上的球员,不论是持球队员的攻防行为,还是无球队员的牵扯和跑位行为,都带有十足的对抗性特点。除了身体和技战术方面的对抗外,对抗行为还在球员的心理层面上进行着,面对场上错综复杂的局面,球员的心理也要随之调整与对手的对抗,以使自己和团队的气势压过对方,占据心理优势。另外,对抗还体现在场外的教练员临场执教上,临场指挥是双方教练员的一种对抗表现,这也是篮球比赛中非常有看点的内容。上述这些篮球运动中的种种对抗,对双方球员和教练员的综合素质都是一种极大的考验,最终只有综合对抗占优的一方才能够赢得比赛。

（三）篮球运动的健身性

篮球运动中融合了走、跑、跳、投等基本运动形式,再结合篮球运动技术与战术的运用,使得这项运动成了一项非常有利于增强身体机能的健身项目,这就使得篮球运动具有非常显著的健身性特点。具体从生理学的角度来看,对抗激烈、节奏快速的篮球运动对加快人体新陈代谢水平和提升各项运动素质都有着极大的帮助,不仅如此,它还能对人的心理素质有一定的锻炼价值。因此,这一特点对正处于身体发育期的青少年来说是再理想不过的运动项目了。

（四）篮球运动的益智性

篮球运动中双方的全面对抗也包含智力的对抗,这也是现代篮球的发展对球员和教练员的要求。篮球比赛的过程总是展现出复杂多变的形态,世界上不存在两场一模一样的比赛,这就使得运动员和教练员每次都要以新的思路和态度面对不同的对手。比赛过程中,为了应对出现的不同情况,特别是对那些在赛前准备中没有做出预案的情况,要充分开动脑筋,进行智力上的比拼。球员和教练员的智力对抗主要体现在他们面对新情况的随机应变能力,以及对对方战术意图的预判能力上,智力较高的一方更容易控制场上的主动权。而篮球智力的获得要通过平日的知识与技能的积累,只有当这些知识积累到一定程度后,才能"升华"为自身随机应变时的正确反应。

（五）篮球运动的综合性

篮球运动具有综合性的特点。这一特点体现在只有各方面最为全面的一方才能获得比赛的胜利。这里所说的各方面囊括了运动员的身体素质、心理素质、意志品质、技战术能力、智力因素等各个方面，还包括教练员的个人魅力、训练水平和临场指挥水平等。要想练就如此多样的技能和能力着实是不容易的，而这也是所有篮球运动员和教练员的最高追求。

（六）篮球运动的商业性

篮球运动在21世纪的今天正处在高速发展期之中，其发展带有非常显著的商业化特征。包括篮球运动在内的体育运动的发展出现商业化的趋势是体育项目发展到较高阶段后的必然结果。更加商业化的篮球无疑对这项运动的传播推广和自身影响力的增加提供了重要助力。在篮球商业化的浪潮下，有关篮球的各项事物都可以被看作是一种"商品"，球队吉祥物是商品，印有球队队徽的各种物品是商品，首轮选秀权是商品，甚至球员和教练员也是商品，这些商品都可以进行买卖。从宏观上来说，整个篮球赛事更是巨大的商品，每逢篮球世锦赛、篮球联赛等大型比赛时，都有不少企业要冠名、赞助赛事，电视台或网络运营商也争相购买转播权，博彩业也非常看重篮球这一项目。由此可见，篮球运动背后所牵带的利益链条之庞大，而这种浓重的商业性特点将会一直伴随这项运动的发展。

四、篮球运动的价值

（一）培养团队精神

作为一项团队运动，只有富有团队精神的个人和集体才能在比赛中占据优势。另外，篮球运动中的大多数战术都是需要两人及两人以上的队友配合完成，特别是对于价值观正在建立中的青少年，经常参加篮球运动有助于提升他们的集体意识，培养他们的良好的纪律性、团队精神和集体荣誉感。

（二）增强国民体质

篮球运动无可置疑是拥有最广泛群众基础的运动项目之一，这主要得益于其自身拥有的娱乐性、休闲性，以及易于组织开展的特点。青少年作为体育运动的重要群体，也是最为青睐篮球运动的。为此，经常开展群众性篮球运动有利于促进运动者多方面身体素质的提高，并且让运动者从运动中获得心理和意志品质方面的锻炼，还能让人们在运动中与他人有更多的交流，建立起一个良好的人际沟通渠道。在此作用下，国民体质必然会得到很大程度的增强。

（三）推动社会发展

篮球运动的自身魅力吸引了大量健身爱好者的参与，再加上现代篮球的商业化趋势愈加浓厚，其作为一项体育运动已切实对于社会经济的发展和带动相关产业的兴盛做出了巨大的贡献。篮球运动是一项覆盖面非常广泛的运动，任何年龄、任何性别、任何阶层的人群都能参与其中，这一方面可以促进大众的身心健康，另一方面还能提高他们的学习和工作效率。而从对社会的意义上来讲，篮球让更多的人感到心情舒畅，这无疑能增加社会的和谐度，为社会主义精神文明建设添砖加瓦。

（四）促进国际交流

篮球作为一项国际化运动，在当今世界上的众多国际交流中扮演了非常重要的角色。这可以体现在国际职业篮球俱乐部的球员转会上，不论是引进他国球员，还是输送本国球员到别的国家，这不仅是一种篮球技艺的交流，更是国家与国家、民族与民族之间的交流。无形之中，篮球就成了非常理想的国际交往形式，从而增进了各国人民之间的了解。

第二节　青少年发育发展特点分析

一、青少年身体发展特征

（一）少年期

少年期的身体发育特征主要表现如下。

1.身体形态

（1）身高

少年在身高指标上有明显的增加，这是一个身高增长的高峰期。数据显示，少年的身高增长可达每年 6～8 厘米，个别少年每年的身高增长甚至约达到 10 厘米。

（2）体重

少年在身高指标上有一定增加。数据显示,少年的体重增长为每年 5 ~ 6 千克。增长的体重主要是肌肉和骨骼的发育带来的。

2. 身体机能

（1）心脏

少年的心脏发育状况主要为容积增大,心肌的收缩力也在逐渐提高。

（2）肺

少年的肺正处于第二个发育高峰,具体表现为肺泡容积和容量快速增加,肺活量增加明显等。

（3）肌肉

少年的肌肉发育较快,其力量素质也会随之大幅度提升,此时肌肉重量占比也在增加。从肌肉发育的形态来看,此阶段中肌肉总体是朝着变长的趋势增长,这种改变在男生 13 ~ 15 岁时、女生 11 ~ 13 岁时最为明显。出现这种肌肉以长度作为增长方式的原因主要在于这一时期男女生的身高快速增长。这种肌肉的发育态势直到 16 ~ 18 岁时才会改变,转变为向粗增长的态势。当然,这也与少年的身高发育减速有关。

肌肉在这一阶段中的快速发育,使得少年的运动素质获得很大提升,从而可以接触更多的运动项目。

3. 神经系统

（1）大脑形态

少年的大脑重量不断增加,当少年年龄为 12 ~ 14 岁时普遍大脑重量已达到 1400 克,此时的脑容积基本与成人无异。

（2）神经系统结构

事实上,少年神经系统结构在其 6 ~ 7 岁时就已基本完成发育,但最终完成发育要到其 14 ~ 15 岁时。神经系统结构发育完全的标志是大脑皮层神经细胞的髓鞘化,如此才能保障刺激信号的传导速度更快。此外,大脑额叶的发育趋于完善,由此标志着神经系统结构的发育基本结束。

（3）神经系统机能

少年的大脑神经机能有着较高的兴奋度,且兴奋与抑制之间的转化较快。

4. 性发育

少年的性机能处于快速发育期,这是他们生理上的发展趋向成熟的一大标志。少年时期的性发育主要体现在"第二性征"的出现上,具体为男生出现遗精现象、长出胡须、喉结逐渐凸出、声音变得低沉等；女生出现月经初潮、乳房隆起、声音变尖、脂肪堆积快速等。

（二）青年初期和中期

1.身体发育

处于青年初期时的身体发育大体上已经完成，但没有达到完全成熟的程度。这一时期的发育特征主要有如下几点。

（1）在经历了第二生长高峰后，青少年在身高、体重等外在形态指标上几乎与成年人无异，骨骼也基本完成了骨化过程。

（2）青年初期的青少年的心脏容积增大，收缩力增强，每搏输出量增加。不过此时动脉血管的发育还稍显滞后，因此会出现短期的青少年高血压现象。

（3）肌肉发育加快，主要表现为肌纤维变粗、肌肉体积变大，肌肉力量和肌肉耐力增加显著等。

（4）男生胸骨逐渐扩大，女生盆骨不断增大，男女生的外在形体差异越发明显。

（5）肺活量逐渐增加，呼吸机能不断提升，已非常接近成人水平。

2.神经系统

处于青年初期的青少年的神经系统的发育趋向完全，大脑的神经系统结构和功能基本与成人无异，第二信号系统所起的调节作用越来越明显，兴奋和抑制也更加趋于平衡。

3.性机能

处于青年初期的青少年的性机能已基本发育成熟，无论是其生殖器官的外在形态还是实际功能都已接近成人。男女生第二性征的发育已非常明显，并且两性间的性别意识进一步萌生，此时期男生和女生进入了一个相对亲密的接触期。

二、青少年心理发展特征

（一）情绪与情感

1.内向性与外向夸张并存

处于儿童少年阶段的孩子基本是难以掩盖内心情感的，他们的内心情感状况通过外在的表情和行为就可以一览无余。而青少年则不会这样，当处于青少年阶段后，青少年的情绪转化已经开始逐渐变慢，这种改变源自将过去那种格外注重对外部世界认识转变为开始更加关注对内部世界的认识。这使得青少年已经不再像过去那样乐意将自己的真实情感表露在外，不论是欢乐还是悲伤，只要他们出于某种目的想要有意掩饰就可以做到，而表面上的情感体现已经能受其意识和需求的支配了。

不过青少年在有些时候的情绪情感还是有一定的外向夸张表现的，这主要是他们想利用这种行为博得他人的关注，但实际上这种行为的出现可能并不出自他真实的本意，是一种目的性很强的情感表现。

2. 冲动性与稳定并存

当人处于少年时期时，他们的情绪总是显得起伏较大，情感上也有很强的冲动性，这是这个年龄段的人的情感态度。而到了成年人阶段后，此前波动较大的情绪情感会逐渐稳定下来。青少年时期刚好处于少年期和成年期的过渡阶段，这一时期的青少年的神经兴奋性依旧较强，在某些特定情况下还是会做出一些冲动行为，此时青少年对自己的情绪管理尚不完善。但好在正处于价值观建立阶段的青少年有足够的理解能力来感知外界事物和与人相处的基本之道，所以相比少年时期的自己，青少年的情绪总体还是更为稳定的。

3. 自尊与自卑并存

处于青少年阶段的人有着很强的自尊心。在这一时期的青少年有着强烈的向成年人形态和思维靠拢的意识，他们甚至认为自己已经是成年人了，有着和成年人一样的思维方式和行为举止，有时甚至想通过模仿成年人来标榜自己的成熟。为此，他们更加希望得到他人的认可和尊重，这是他们想要对自己即将形成的成年人形象进行的一种维护。然而过强的自尊心如果没有得到正确的引导，则可能由于这种情感过于激烈而容易导致与他人的关系紧张，甚至滋长猜忌之心和嫉妒之心。但如果自尊心太弱，也会导致一些心理障碍与心理问题的出现。

另外，还有一些青少年因过度自信而最终变得自负，表现为过高估计自己的能力，对于一些明显超出自己能力之外的目标一旦不能达到便会垂头丧气、情绪低落，这种情况如果多次出现就会使其丧失斗志、失去自信，甚至出现自卑心理。

总的来说，过度自尊和过度自卑都是在青少年身上出现的较多的情绪问题。

4. 强烈的友谊感

青少年非常注重友谊感的存在,这对他们的学习和生活都显得非常重要。之所以青少年会对友谊感如此重视,在于他们非常期待从朋友那里获得想要的鼓励与支持。拥有相同价值观和喜好的青少年非常容易成为朋友,且此时的友谊更加牢固和值得信任。这也就是许多人最亲密的朋友都来自青少年时代的伙伴的原因。现实中,我们也经常能够看到一些青少年在遇到困难和困惑时首先想到的倾诉对象是朋友而不是父母和老师。在青少年看来,来自朋友的宽慰和理解更为重要,更能缓解他们内心的焦虑和不安。因此,对于青少年来说,能够带来十足友谊感的朋友这一角色,是家长和老师无法取代的。

不过,也有一些青少年在友谊感的驱使下出现了交友不慎的情况,他们多以打着"哥们儿义气"的旗号做出违法乱纪的事情,甚至是犯下罪行。面对这种问题,应以严肃教育和后期引导为主,从而给青少年树立一个正确的友谊观和交友观。

5. 情绪易弥散

周边环境和氛围的变化容易给青少年带来情绪弥散的影响。较为常见的事例如青少年往往会因为某件使内心愉悦的事情(考试成绩好、比赛得冠军、学会了新技能)而开心很多天,这几天他感觉到身边所有的事情都是充满正能量的。当然有这样的心态是很好的,如果能长期延续下来更是喜人。但反过来看,一旦他们遇到某个消极性事件,给他们的情绪带来了消极影响,则也会感到周边一切事物都是那么灰暗和让人感到厌烦。良性情绪的弥散具有积极作用,不良情绪的扩散会带来不良影响。因此,一旦发现青少年受到消极情绪扩散的影响,应及时予以干预。

6. 性情感萌发,美感发展

随着青少年性器官发育的日益完善,他们的性心理和性情感也逐渐萌生,并且愈发强烈,具体表现为男女生之间的爱慕之情日显,并且在平日男女生的接触更为密切。这一时期,男生或女生都有意识地想在自己喜欢的人面前表现自己,或是展现自己的勇敢,或是展现自己的温柔,总之总想在异性面前展现出更好的自己,从而吸引到喜欢的人的注意和赞美。

不过,这一时期的青少年的心理仍旧处于发育期,相对成年人来说还显得很不成熟,所产生的性心理和性情感也多为表面上的情感,稳定性较差,因此需要家长和老师及时引导,以免青少年为情所困,做出轻率举动,抑或是耽误了学习。

（二）自我意识

1. 自我评价能力提高

青少年对自我的认识逐渐变得客观，在一定程度上也能对自己的心理和思想状态进行分析，对自己的优点和不足都有了较深的了解。尽管如此，这些对自我的分析和评价中还是带有一定的主观色彩，表现为较多评价自己的优势，较少提及自己的不足。然而，一旦心理上不能把控好这个度，就可能因为自己的优点而沾沾自喜，面对不足则会丧失信心。这是陷入了一个走极端的误区之中，由此也足以证明青少年的自我评价能力还有很大的提升空间。

面对青少年自我评价能力不足的问题，家长和教师要正确引导他们，鼓励他们从更加全面的角度评价自己。特别是要引导他们在肯定自身优势的同时，也要认识到自己的不足，鼓励他们进行自我教育和自我改正。只有这样，青少年的自我评价能力才能逐渐提高。

2. 寻求独立

由于青少年的智力、心理、经历、社交等各方面经验都在快速增长着，再加上自我意识的萌生，使得他们非常容易形成"成年意识"，认为自己已经是成年人了，急切对事物做出判断和寻求自主解决问题。他们对别人依旧视他们为孩子感到不悦，期待得到他人对自己独立的认可。

然而，此时的青少年并不是真正的成年人，但基于这种心理的存在，家长和教师在对青少年进行引导时要特别注意对待他们的态度和定位，以前那种视他们为孩子进行管教的思维和方式要有所弱化，转而采用以相对更加平等的地位看待他们，耐心倾听他们的想法，谋求和他们平等相处，耐心指导。

（三）个性心理特点

1. 理智特征

在青少年阶段，学生会随着年龄的增长而表现出不同的理智特征。例如，相比于初中生，高中生的理智感就更强，他们会表现得更加成熟，理性元素更多充斥在生活和学习之中，且他们的主动观察能力也更强，更能集中精力在想做的事情上。

不过，青少年的理智特征也有不小的个体差异，这点特别是在性格上有明显体现，如思维的独立与依附，感知的粗略或精确，记忆的直观与抽象等。对于这些方面,不同学生有不同的倾向,甚至学生之间的差异较大,这都是正常的。

2.对现实的态度

青少年对现实的态度主要通过其对社会、集体和他人的态度上反映出来。例如,做事是否缜密、做人是否正直、对自己是否严格要求、做事是否专注、是否有共情能力等。而这些态度都是在做出实际举动之后才能看到的。

3.个性的倾向性

（1）兴趣广泛

兴趣对于一个人来说,可以丰富其生活,活跃其思维,调节其情感。如此看来,兴趣对青少年的发展有着不容忽视的作用。青少年逐渐产生了自己对事物的兴趣,其中很多兴趣是从少年时期便开始出现的,但在青少年时期得到了进一步发展。青少年更多的知识储备和实践经验无疑更能支撑其兴趣。但如果兴趣选择不当或不能自控,则可能使青少年误入歧途,沉迷其中不可自拔,以致荒废了学业。

青少年兴趣的变化经常表现为一个从窄到广,再从广到指向明显,最终形成中心兴趣的过程。根据这一兴趣养成规律,家长和教师要积极鼓励学生探寻自己的兴趣,引导青少年正确对待兴趣,如发现有不良兴趣点,则需及时干预。

（2）人生观初步形成

青少年的经验、阅历、所学的知识等不断增多,于是慢慢地他们也会思考自己的人生规划、努力方向和理想追求。如此一来,青少年的人生观就逐渐被建立起来。青少年正确人生观的建立有助于他们更好地融入社会,打造良好人际关系以及完善自身发展。为此,家长和教师对此要全力进行引导,特别是家长在这个环节中的作用是至关重要的。

（3）对未来充满理想

青少年的心理发展已经趋于成熟,他们妄图通过发奋学习的方式力求实现自己的理想,这些理想也就成了他们学习的重要动机之一。

不过,青少年的理想尚不稳定,经常会由于一些因素的影响而发生变化。为此,家长和教师要注意在这方面加强教育,防止孩子订立一个不切实际的、好高骛远的目标。

（四）心理发展的性别差异

不同性别的青少年的心理发展有些许差异,具体表现如下。

1.智力差别

以智力的平均水平来看,青少年群体中男生和女生是没有太大差异的。不过如果要以智力特优和智力特愚的方式来看的话,则男生占据两端的数量较多,女生的智力水平居中的数量较多。感知觉方面,男生的优势在视觉能力和空间想象能力上,女生则在听觉、嗅觉、触觉和色觉上更具优势。

思维层面上,男生更善于运用逻辑思维,而女生则更善于运用形象思维。当然这只是相对而言的,要知道,这两种思维是不能脱离开来单独存在的。这里所谓的更善于某种思维只是表述的一种思维偏向。

记忆层面上,男生对于机械记忆的方式普遍有抵触心理,他们更倾向于用理解和抽象的方式记住事物,而女生则更擅长以机械记忆的方式记住事物。但总体上,青少年阶段的男女生在记忆力上的差别不大。

2.情感、意志差异

在情感层面上,青少年阶段的男生普遍较为热烈、粗犷,女生则更显细腻、温柔和敏感。在人际沟通上,总体表现为男性稍外向、女性稍含蓄的状态。

在意志层面上,青少年阶段的男生有着更强的抗挫能力,并且对未知的事物有着强烈的好奇心和探索心,而女生较强的耐心、韧性、容忍性和自制力是其绝对的优势。

在个性层面上,青少年阶段的男生普遍个性更为突出,他们非常强调自我与他人的不同,并且期待自己的这种个性得到他人的认可,而女生由于稍显内敛,因此在个性显现方面相对较低调。

当然,这里还需要强调一下,上述所列举的处于青少年阶段的男女生的心理发展差异揭示的只是一种普遍性规律,做出的强弱对比也仅是相对而言。

第三节　篮球运动对青少年的影响

一、篮球运动对青少年生理健康的影响

篮球运动对青少年的生理健康有很大的积极影响。这主要体现在以下几个方面。

（一）改善身体形态

经常参加篮球运动健身的人所接受的篮球活动均为有氧运动。有氧运动可以明显增加脂蛋白酶（LPL）的活性，如此可以促进脂肪供能，促进运动中和运动后体内的脂肪分解，增加脂肪的利用率，促进肌肉体积增大、力量增加，达到强身健体、保持优美线条的目的。经过数据分析可知，男性通过经常性的篮球健身运动，上臂皮脂、背部皮脂、腹部皮脂的厚度明显减少，肌肉力量也获得提升，健身和健美效果可谓十分明显。此外，正常人骨骼肌重量约占体重的40%，经常参加篮球运动的人的骨骼肌重量可达到45%～50%。

（二）促进肌肉发育

长期的实践证明，经常参加篮球运动可以使人的骨骼肌形态、结构和功能水平保持在同类人群中的较高水平。篮球运动还可以使骨骼肌发生一系列的适应性变化，这种变化具体表现在增加肌肉体积、增强结缔组织韧度、影响肌纤维类型和肌群收缩协调性等方面。

（1）篮球运动对肌肉体积的影响。篮球运动作为全身性运动，它对肌纤维的增粗起到积极的促进作用，肌纤维的增粗最终使得整块肌肉体积增大，进而使得该部位的肌肉群也随之增大。

（2）篮球运动对增强肌肉结缔组织的影响。篮球运动中的大多数动作都会不断地出现和反复，同时有许多动作非常依赖人体爆发力，这些运动特点使得篮球运动对增强肌肉结缔组织的强韧水平有较多的帮助。

（3）篮球运动对肌纤维类型的影响。参与篮球运动的人可以在运动中使自身的身体素质得到锻炼。篮球运动中表现出的力量对抗动作，可使肌纤维得到最大限度的发展，这种力量对抗对肌纤维的增粗作用明显。

（4）篮球运动对肌群收缩协调性的影响。参与篮球运动的过程中经常会遇到如急转急停、快速起动等技术动作。这些技术需要身体各方面完美的协调，这种协调主要是对肌肉收缩协调性的要求，它使原动肌、对抗肌和固定肌共同收缩，相互配合，以确保工作的完成，从而改善和提高这些肌群的协调性，使肌肉收缩的功能得到充分发挥。

（三）促进骨骼生长

经常参加篮球运动，人体通过不断的奔跑、跳跃、急停和变向等动作，不仅促进了血液循环,增强了新陈代谢,而且有效地促进了骨的结构与功能的变化,使骨密质增厚,骨小梁的排列受肌肉的强力牵拉和外力的刺激作用,增强了骨的坚固性,韧带在骨骼上的附着部位、结节、粗隆和其他突起部位,这有利于肌肉和韧带更牢固地附着在骨骼上。这些变化都有利于骨骼承受更大的外力作用,进而提高了骨的抗扭、抗变、抗断和抗压能力。

经常参加篮球运动,不仅可以使骨骼逐渐变粗,还可以促进骨密度增加和骨质的提高,甚至还对骨骼长度(腿部骨骼)的增加有一定的辅助作用。如通过统计分析得出,经常参加篮球运动的青少年,比不爱运动的同龄人身高平均高几厘米。

(四)改善身体机能

1. 改善心血管系统机能

研究表明,长期坚持适宜的篮球运动,可使心脏的重量和体积增大。一般情况下,人的心脏重量约300克,而运动员的心脏可达400~500克。篮球运动强度或运动时间保持在合理范围内时,会使动脉管壁中的膜增厚,还会使弹性纤维和平滑肌增厚,血管壁的弹性增强,搏动有力,有利于血液流动。经常参加篮球运动可以使心脏微循环得到改善。这主要体现在心肌毛细血管扩张,心肌细胞储氧量丰富等。适度的篮球运动无疑对人体心血管功能有良好的促进作用,除此之外,还可以有效改善体内物质的代谢过程,减少脂肪过多地堆积在血管壁上,从而使血管壁保持良好弹性。

篮球运动会对心率产生影响。运动对氧运输系统的影响更多地表现在心输出量的增加方面。人体在运动时和相对静止时的血流量情况有很大的差别。在运动时,机体会将血液即相应的血流量重新分配给所需的组织器官。由于运动的主要动力是肌肉的收缩,所以在运动时人体骨骼肌的血流量迅速增加,以满足其代谢增强时的能量供应。

通过实践和运动康复研究发现,有氧运动对改善人体血管弹性具有良好效果,如抗阻力训练可降低心血管疾病的危险因子,并增强心血管功能。

2. 改善呼吸系统机能

篮球运动中包含大量急转急停、相互对抗及对爆发力要求较高等的动作,再加上攻防之间的快速转换,这些都使得这项运动对人体呼吸摄氧要求较高。通过呼吸摄氧,再通过心血管系统把氧输送到组织器官。研究表明,长期参加篮球运动的人的最大摄氧量高于同年龄不经常参加运动的人。

二、篮球运动对青少年身体素质的影响

（一）能够提高青少年的反应速度

篮球比赛中的场面变化可谓是瞬息万变。为了应对场上可能出现的各种情况，要求青少年要具备足够的反应速度。经常参加篮球运动可以很好地刺激青少年的神经，由此增加他们的神经系统对外来刺激信号的传导速率，进而提高青少年的反应速度。

（二）能够提高青少年的灵活素质

篮球运动拥有多样性的技战术，其中许多技术在运用过程中还会受到对方的干扰。如果长期参加篮球运动，则会提升青少年身体的灵活素质，使他们不论是在球场上还是日常生活中都拥有更迅捷的身体动作反应。拥有较高的灵活素质，在球场上可以提升技术的抗阻能力，并降低出现运动性损伤的概率，而在生活中则可以对一些危险情况做出快速躲闪动作。

（三）能够提高青少年的耐力素质

篮球运动的强度普遍较大，对运动者的体能储备有着较高要求。经常参加篮球运动的青少年可以在训练中获得耐力素质的提升，这是保证他们在比赛中顺利发挥技战术能力的保障。通过实际比对也的确可以看到，经常参加篮球运动的学生与一般学生相比，其耐力素质普遍更好。

三、篮球运动对青少年心理健康的影响

篮球运动会对青少年的心理健康产生积极影响。篮球本身是一项积极的、阳光的、充满活力的运动项目，这使得参与其中的人可以很容易地体会到这点。青少年参与篮球运动有助于他们维持自身的良好心理状态，促进其在健康、快乐、乐观的心态下成长。篮球比赛的形式和规则决定了参与比赛的双方只有一方能取胜，另一方只能接受失败的结果。所以，对于这项非输即赢的项目，大多数青少年都会经常性地感受到失败的挫折感。如此，一是可以提高他们对挫折和失败的心理承受能力；二是可以给他们建立起一个正确的胜负观；三是可以培养他们更加坚毅和顽强的

意志。当具备这些心理能力之后,会使他们在日后的比赛中一旦遇到困难,或出现了不稳定的情绪,则有更多的方法和更沉着的心态来面对。这不仅能帮助青少年在球场上持续良好的表现,将这些好的心理能力映射到生活中,也同样能使其冷静对待各种纷繁复杂的事务,或是敢于挑战强大的对手。

（一）体验篮球运动的快感

篮球运动是一种可以全方位锻炼人体的球类运动。在篮球运动中,在一个技术或战术运用成功,或者取得比赛胜利后,个体会以自我欣赏的方式将其成就信息传递给大脑,从而使大脑对其成就效应进行充分的体验,这样就促使自我成就的认识和情感体验产生,进而使愉快、振奋和健康幸福感得以产生。

鉴于篮球运动中的对抗性和趣味性,使得愿意参与这项运动的人的年龄跨度和阶层均较为广泛。许多年轻人自发聚集在篮球场上,久久不愿离开,最后尽管每个人都是拼得筋疲力尽,大汗淋漓,但都会感到兴奋和愉快。此类兴奋感和愉快感的存在就是得益于身体的剧烈运动,特别是经历了激烈的身体接触与碰撞的刺激,在合理的情况下,尽情地释放出人类攻击性的本能。在这个过程中所激发出的极度兴奋感,使运动员或参与者忘记疲劳,忘记伤痛,忘记一切烦心事,完全陶醉在兴奋和快乐之中。只有经历过这种运动体验的人,才能真正享受到身体对抗运动时带来的情绪体验。

（二）疏导不良的情绪状态

现代社会竞争激烈,每个人无时无刻不在面临着生存、竞争、交往的压力,极易产生持续的焦虑心态。而篮球运动作为易于开展的球类运动,人们可以非常便捷地参与其中,参与篮球运动不仅有助于宣泄运动者消极的心理能量,而且通过篮球运动所特有的交流形式和自然的沟通,可以增进理解,疏导不良的情绪状态,缓解焦虑和抑郁症状。

通过参加篮球运动,能够在增进快乐、调节情绪、振奋精神等方面有所体现,另外,这种积极的情绪状态还能够使人的自尊、自信、自豪、自强得到有效的保证,同时,有效缓解甚至消除焦虑、烦恼、抑郁、自卑等不良情绪。所以,长期参加篮球运动,能有效治疗并改善神经衰弱等精神疾病患者的症状。

（三）完善个性的心理特征

个性心理特征，是指个体身上表现出的带有稳定性和经常性的心理特点。对于篮球运动来说，可以将其从宏观上看成一种团队与团队之间的对抗，而从微观的层面上来看，它又是团队中人与人的对抗。因此，在篮球运动团队中的每一个人的能力发挥能决定着团队的战斗力，相反也可以说团队的行为需要依靠每一个人来配合，必要时还要牺牲个人的利益，如得分或上场时间。因此，篮球运动有助于实现个性心理特征的自由发展。

篮球比赛的竞争能够充分表现出人的本质力量是最直接、最富有力的。因此，可以看出，篮球运动可以实现人的个性的自由发展。

（四）培养坚强的意志力

就篮球运动训练来讲，篮球运动技术不难，但是要真正掌握需要运动的技能花费很长的时间不断地重复练习，培养一个优秀的篮球运动员往往需要几年的时间。在训练过程中，运动员必须克服来自身体和心理的各种困难，最终才能获得技能的提高。

就篮球运动比赛来讲，篮球比赛是在激烈的直接对抗中进行的，这就要求运动员除了具备必要的良好技术和较高的身体素质外，更要具有坚强的意志品质，来应对对方的身体或手臂造成的阻碍，克服体能下降的影响，在比分交替时要控制好情绪等。由此可知，参与篮球运动和比赛就是人们在参与的过程中克服各种困难来实现预期目标的一种意志磨练过程，是考验参与者勇敢、果断、顽强等意志品质的过程，实质上也是意志的较量。要想在极端复杂的困难条件下，与强有力的对手进行顽强的斗争，进而争取比赛的胜利，就必须具备坚强的意志品质。篮球运动可以培养人们坚忍不拔、勇敢顽强、吃苦耐劳的意志品质，同时也能培养人们独立的工作能力，培养坚定的目的性、自制力，克服人体的生理惰性。

总的来说，现代篮球运动能够使人的个性得到张扬，从而使人的个性得到更为自由的发展。篮球运动为人的个性发展和个性的张扬提供了更为广阔的演练空间，人们可以有选择地表现自己的个性，如塑造拼搏进取的人格精神、品尝胜利欲望的满足、追求内心的自我超越，或表现健康向上的生命力。

四、篮球运动对青少年智力发育的影响

实际上,篮球运动是一项对参与者的智力水平有较高要求的项目,在篮球比赛中无处不充斥着智力层面的较量。举例来说,篮球运动需要运动者具备技战术能力,而练就这些技能除了动作形态上的模仿外,还需要仔细领会动作的规律和精髓,同时还要记住众多的篮球规则;篮球作为一项团队性运动,在比赛前教练员都会根据对手的情况制定专门的战略战术,这些战术及其意图也需要运动员开动脑筋进行记忆和理解,以便在比赛中更好地贯彻执行,甚至是在战术执行的过程中遇到突发情况下做出随机应变的改变。

由此可见,一名出色的篮球运动员除了身体素质优秀、技战术能力突出外,高超的运动智商也是他们必备的。

第二章 青少年篮球文化概述

青少年篮球是篮球运动的重要组成部分,因此,篮球文化中也包含着一定的青少年篮球文化,并且其中包含着了一些青少年的特有因素。通过对青少年篮球文化的分析,能够对篮球文化有更深层次的理解和认识,也为后面青少年篮球运动的教学训练等具体实施奠定了坚实的基础。本章首先对篮球文化的内涵、特点与功能进行了解析,在此基础上对青少年篮球赛事文化欣赏进行了探索,最后则重点对青少年篮球文化的构建与实施进行深入探索,希望由此对篮球文化及青少年篮球文化建立一个初步概念。

第一节 篮球文化的内涵解析

篮球文化的内涵,主要是由物质文化、精神文化、制度文化所组成的有机体。[①]

从宏观意义上来说,篮球文化内涵实际上就是通过新的思维方式,凭借着前瞻性的眼光,从多种角度对篮球的文化展开分析和审视。

一、篮球运动物质文化

（一）篮球运动物质文化解析

对篮球运动中的物质文化进行分析,可以将篮球看作"劳动资料",将球投进篮筐可以被看作"劳动对象",比赛所需要的场地、服装和各种设施则被看作"消费资料",其中所涉及的工艺、技术、科技含量等则被看作"物质生产的实际过程"。

---

① 纪德林.新视角下的篮球文化内涵、现状与趋势 [J].创新创业理论研究与实践,2019,2(05):4-5+11.

（二）篮球运动物质文化中的"物"

1. 篮球

篮球并不是与篮球运动的产生同时出现的，其最初并没有引起人们重视，后来才逐渐发展、演变成当前的篮球。当前所用的球不仅有着漂亮的包装，还有非常好的手感。当前，这种正式用球已经在很多高中篮球联盟中适用，并且规则中也出现了使用这种球的相关规定。

目前，篮球的工艺技术已经越来越高，品牌意识越来越强，研究发现，篮球工艺水平的提高也对篮球技术的提高起到了积极的带动作用。

2. 篮筐和篮板

篮筐和篮板也经历了长期的发展、演变和完善过程，有底的网状代替了篮筐，篮板也有了较大程度的发展，比如，最早的篮板后面是铁丝做成的网状，后改为木制，逐渐发展成为当前透明玻璃的篮板。

3. 场地与设备

随着社会的不断发展，人们对篮球运动的场地和设备要求越来越高，不仅要有良好的场地，对灯光等也有了进一步的要求。因此，室内场地越来越受到篮球爱好者的欢迎。

4. 软件设施

随着时代的进步和科学技术的发展，篮球运动中出现了一些数据分析软件、技术训练软件，这些软件的出现对篮球运动水平的提高及篮球运动的发展起到了重要的作用，这些软件设施也属于篮球物质文化的一部分。

（三）篮球运动竞赛的"包装"

在体育竞赛中，包装是经常看到的一种现象，这样做的主要目的在于更好地宣传和推广比赛，对于比赛气氛的营造也有着非常积极的影响，使越来越多的观众关注该赛事。这种包装活动对于篮球运动来说也是常用的，是非常重要且必要的一种推广和宣传篮球运动及其比赛的重要手段。

当前，篮球运动竞赛的包装活动所涉及的内容有很多方面，其中，主要的有联赛包装、球队包装和队员包装等。具体可能会因为实际需求而侧重于某个方面。

篮球运动竞赛包装在将包装内容确定下来之后，还需要选定要用到的有效包装手段,常见的有以下几种。

（1）开幕式、闭幕式的举办。

（2）邀请名人参加开幕式与闭幕式。

（3）组织各种类型的表演。

（4）制作联赛和各队的秩序册和宣传册。

（5）装饰球场,装饰品可以是各种艺术画像,也可以是相关的广告。

（6）包装球衣。

（7）对代表性人物进行大力宣传。

（8）啦啦队表演。

（9）别出心裁的开赛式。

（10）在中场休息的时候,举办一些猜奖、抽奖、投篮比赛等互动性活动。

（11）比赛悬念的制造。

（12）比赛中加入音乐伴奏。

二、篮球运动精神文化

（一）人文篮球理念的建立

1. 人文篮球的特性

人文篮球,就是首先要遵循"以人为本"的重要理念,在此前提下,借助篮球的教学、训练、竞赛等手段,将篮球的竞技性特点与教育性特点结合起来,对从事篮球运动的青少年运动员或者学生起到人生导向作用。

通过具体分析和探索,可以将"人文篮球"的特性归纳为以下几点。

（1）人与自然能够达到和谐的状态,科学与人文两者也能融合起来。

（2）遵循以人为本的原则,重视人性、人格的维持。

（3）将情感教育作为关注的重点。情感教育,某种程度上也可以理解为美感教育,是文化素质教育的重要内容之一。

（4）奠定人生价值基础的人文精神。

2. 人文篮球的功能与价值

（1）创新功能

在社会的发展过程中,人的创新能力是会起到重要作用的一个方面,不可忽视。因为"没有创新,就没有发展"。在新时代发展中,创新就是"金钱"。

篮球,最初是一个游戏,后来,经过不断创新,发展成为一项运动。由此可见,篮球的产生本身就是创新的一个典型代表。随着篮球运动的产生与发展,相应的规则也不断发展、创新和完善。除此之外,篮球的技术和战术是固定的,但是,每个运动员的实际应用却都是各不相同的,都有自身的创新,这也体现出了人文篮球重要的创新功能。

（2）完全思维

形象思维和逻辑思维会从不同方面来对人产生相应的影响。一般来说,人的右大脑所主导的是形象思维,而人的左大脑所主导的是逻辑思维。通过篮球运动训练,可有效刺激这两个方面的进一步发展。

(二)注重"形象工程"的建立

对于篮球运动来说,所谓的"形象工程"的建立,就是篮球明星或者英雄人物的塑造。因为,在很多时候,人们对一项运动的认识,是从超级明星或者领军人物身上引发兴趣的。篮球自诞生后就不断地涌现出无数明星,不同时代的各种纪录也逐渐被创造和刷新。

当前,随着宣传途径和工具的拓展与创新,人们对篮球的认识,通常是通过篮球明星吸引而来的,篮球明星所产生的效应要远远大于篮球运动其他方面的直接宣传。篮球明星的影响力不仅仅局限于篮球,其还起到精神领袖的榜样作用,不管是其服饰、头型、言行举止等外在的形象,还是拼搏、奋斗、不言放弃等内在的精神方面,其都能对人们产生潜移默化的影响,某种程度上,篮球明星成为新时代人们的偶像、精神的榜样,起到了显著的教育和鼓励作用。

在我国,体育领域最为典型的"形象工程",当属中国女排。"坚韧、拼搏、团结"的中国女排精神也应体现在篮球运动的发展中,激励篮球运动更快、更完善地发展。

(三)篮球运动文化与谋略

1. 篮球运动文化中的谋略体现

古往今来,谋略都会在战事中有着非常突出的体现,在其他方面因素没有太大差异的基础上,谋略所起到的往往是决定性的作用。同样,谋略在篮球场上也是时常会用到的,因此,篮球运动的很多方面都会因为谋略的应用而产生一定的影响和变化。教练员往往是篮球运动中谋略的应用者,由此,其能够将本队的技术、战术风格建立起来。篮球运动文化中所包含的内容非常丰富,其中就包含着篮球场上的谋略,其在篮球运动文化的发展方面意义重大。

谋略不仅是篮球运动文化的内容，其还与哲学理念等相融合，处于所有内容的核心位置。从实质上来说，球场上的谋略能够将篮球运动文化教练的篮球理念及国家篮球的水平都反映出来。

2. 篮球竞赛谋略的方式与内容

（1）篮球竞赛谋略的方式

在篮球运动文化中，谋略的表现方式主要有三种，即"知""智""见"。这里所说的"知"，即"知识"是由信息经过处理、筛选、积淀而成的文化。"智"，就是"智慧"，是辨析判断、发明创造的能力。"见"，就是"见识"，是对信息处理后的一种认知。

（2）篮球运动竞技谋略的内容

篮球运动本身具有竞技性特点，这就需要应用相关的谋略来提升篮球运动的竞技性特点，并促进篮球运动的发展。一般来说，竞技谋略主要涉及以下内容。

①立人、用人谋略

在人才培养方面，不同国家采取的途径是各具特点的，其中，有两个方面是一致的，一个是体教结合，一个是"举国体制"。这两个方面都将人才培养的谋略体现了出来。

②竞技谋略

"凡竞赛之道，多以谋略为首。"从中能够看出谋略在竞赛中的重要地位，是处于首要位置的，这也是人们津津乐道的重要内容之一。

③管理谋略

除了在篮球竞赛场上要运用一定的谋略，在管理上也要将谋略放在重要位置上。通常，管理谋略在篮球运动中体现在很多方面，比如，主要体现在：运动员和整个团队行为上的宏观设计；制订训练计划和所要达成的目标方面；关于篮球竞赛中，人力、财力、物力的投入的组织工作上；等等。

三、篮球运动制度文化

（一）篮球运动规则与修改

1. 篮球运动规则及其原则

1891年，篮球运动诞生，与此同时，也产生了篮球规则，但是这时候，还没有形成篮球文化，这就可以归纳出，篮球文化是在篮球规则之后才产生的。由此可见,篮球规则的产生要早于篮球文化的产生。尽管早期所形成的篮球规则非常不完善,但是,在思想和精神方面已经有一定基础了。

关于篮球规则的基本原则,奈史密斯博士进行了归纳总结,共有以下五个方面。

（1）它需要一个球。

（2）不能持球跑。

（3）要限制队员之间的身体接触。

（4）两队可随意占据场上任何区域。

（5）在垂直高处安置球篮,并且保持水平状态。

制度文化的建立,与思想基础有着非常密切的关系,由此,能够将主体的某种精神反映出来,精神能够通过一定的媒介,以外在的形式展现出来,与此同时,文化的核心内容也会按照主体的意志发展并得到保证。

2. 篮球运动规则修改的原则

篮球运动规则,自产生之日起,就在不断的修改和完善中逐渐推进。要强调的是,篮球运动规则的修改不是随意而为的,是需要在一定原则的要求下进行的,具体包含以下几点。

（1）必须使比赛的合理性得到保证,同时,要考虑到参与的人群是各种各样的,具有广泛性特点,严禁取巧行为。

（2）能使篮球比赛的发展速度进一步加快。

（3）能对单纯追求高度的做法起到限制作用,对篮球运动员的技术发展与提高会促进作用,同时,还能使其灵活性、广泛性更加显著。

（4）严格约束和制约所有不道德的行为,并根据实际情况做出相应的处罚决定,使篮球运动的正常、健康发展得到有力保证。

（5）培养篮球运动员的内在精神,主要包括勇敢、顽强的意志品质和集体主义精神,这对他们体质的增强也有所助益。

（6）丰富并充实篮球规则的内容,完善规则的合理性、科学性。

(二)篮球运动竞赛体制

当前,常见的篮球竞赛体制主要有以下两种。

1. 赛会制

赛会制,就是指让参加比赛的球队都集中到某一个地方,然后在一定的时间内,连续进行多场比赛,并且最终决出先后名次的一种竞赛方式。

我们比较熟悉的采用赛会制的篮球赛事主要有：世界锦标赛、奥运会篮球赛、亚洲的亚运会篮球赛和我国的全运会篮球赛等。

2. 赛季制

赛季制，赛季持续的时间比较长，在这段时间内，每个参赛队与其他对手要有主、客场之分，然后根据实际的分配进行 1 ~ 3 场比赛（最终按总成绩排名）的一种竞赛方式。

美国的 NBA 和中国 CBA 等，就是采用赛季制的。

第二节　篮球文化的特点与功能

一、篮球文化的特点

相较于其他的文化形式，篮球文化具有一定的特殊性，这在其特点上有所体现，具体如下。

（一）全面性和体系性

1. 全面性

篮球文化的全面性，一方面是指篮球运动的开展是非常广泛的，所涉及的范围比较广；另一方面，是篮球运动作为体育运动项目之一，有着较为全面的运动特征，该特征有普遍意义上的，也有其自身的特殊意义上的。除此之外，篮球运动最初是以游戏的形式出现的，这也赋予了其显著的娱乐性特点。除此之外，篮球运动对生活的装饰功能，对生活的拓展功能，同时，还作为一种生活功能而为个人和社会所需要，主要原因就在于其文化功能。

2. 体系性

篮球文化，包含的内容是多方面的，其中，比赛处于核心地位。篮球运动对篮球文化的体系性进行了重点强调，由此便得出了一个重点，即在篮球文化建设中，一定要对运动竞赛水平的提高加以重视，这是处于核心地位的，在此基础上，将多种文化符号充分利用，将篮球文化以综合性的文化符号的形式呈现出来。

（二）地域性与融合性

1. 地域性

体育文化具有一定的地域性,篮球运动文化作为体育文化的一种,也具有地域性特点。篮球运动文化受到地理环境的影响而呈现出不同的特征。世界各个国家或民族的篮球运动文化也存在着较大的不同,各自具有独立的特征。正因为各个国家和民族有着不同的文化背景、个体差异,导致了世界篮球文化的多元风格,如欧洲篮球的风格多倾向于技术,技术很全面,篮球智商也都很高;美国篮球运动员身体条件很出色,较多体现在靠身体打球。

2. 融合性

篮球文化具有融合性特点,首先体现在篮球运动项目上。篮球运动是一项综合性的体育项目,参与者必须熟练掌握一系列跑、跳、投、掷的动作,并在错综复杂、千变万化的对抗中运用,才能掌握比赛的主动权。此外,篮球运动还有体能与智能方面的要求,并受到参与者的思想和意志品质的影响,可见篮球运动文化融合了多种元素,具有融合性特点。再次,篮球运动文化是体育文化,社会是其生存的环境,其不可避免地融合了各地的社会文化,篮球运动产生于美国,自从传入我国以来就开始了与我国文化相融合的进程,打上了我国文化的烙印。

（三）开放性和艺术性

1. 开放性

对于篮球运动来说,尽管所学的技术、战术的理论和具体动作要求是相同且统一的,但是,在篮球比赛中的运用却是非常灵活的,可以根据比赛场上的实际情况来随意组合技战术,将技战术的作用最大限度地发挥出来。这是篮球文化开放性特点的一个重要体现。

2. 艺术性

体育本身就是艺术的重要表现形式,不同的运动项目都具有其独特的艺术性。对于篮球文化来说,其艺术性主要从其技术与身体的结合上得到体现,这方面所表现出的美,是艺术性的主要体现。另外,篮球文化的艺术性,除了参与能感受到之外,在欣赏过程中也有不同视角的领略,但不管怎样,篮球文化的艺术性是毋庸置疑的。

（四）继承性、时代性和发展性

1. 继承性

继承性是文化的基本特点之一。这是因为文化的发展与创新是在不断的继承过程中实现的，可以说，没有继承就没有发展。人与动物的一个本质区别就在于人具有能动性与创造性。人类能够创造出文化，也能通过不断的学习和钻研，掌握文化并促进文化的发展与进步，还能将这些文化不断传播、推广，使更多的人学习、掌握并推动其发展。人类在将文化创造出来之后，就需要对这些文化加以应用，要注意，使用的过程并不是单纯的某种机械重复，中间是要赋予一定的创造性的，否则就与动物的模仿没有区别了，而这一过程，就体现出了文化的继承性。这些道理对于篮球文化也是适用的，某些篮球文化的内容不断地积累和发展，使得篮球文化的内容得到进一步的丰富和充实。

2. 时代性

篮球文化是呈现出动态发展的态势的，这是时代性的一个突出体现。同时，时代所创造的财富也属于时代性的一个重要体现，从篮球文化的主体性来说，要使自身的文化底蕴不断增加，使文化内容不断丰富和充实，文化品位也要不断提升，与此同时，还需要保证这些篮球文化必须与人们的生活方式和文化习惯相适应，否则成功的概率就会大大降低。

3. 发展性

从发展的角度来看，篮球运动要想得到进一步的发展和扩展，需要具备的首要物质基础就是文化，与此同时，各级联赛所形成的独特的文化形态为篮球运动的发展提供了重要的基础性条件，篮球比赛已经无法再将篮球联赛包含其中了，经过不断的发展和扩张，逐渐发展成为人们文化生活中的一个重要组成部分。篮球运动发展受到很多因素的影响和制约，其中，在比赛场上所形成的赛场文化在某种程度上决定了其最终的发展前景。

（五）全球性和民族性

全球性与民族性，不仅是文化的特征，也是篮球文化的显著特征。

1. 全球性

在统一规则的促进下，篮球文化的全球性主要从其形成上得以体现。从篮球的发明，到当前的广泛普及，篮球的很多方面都发生了改变，尤其是在规则上,从规则的各不相同,到全球化的统一,篮球的真正全球化才得以展开。篮球成为人们参与体育的一项重要活动,有着显著的全球性特点。

2. 民族性

篮球世界范围被不断普及的过程中,逐渐形成了各种不同的风格,而这些风格的差异性形成的原因主要是地域和文化的差异性。

从文化学的角度上来讲,民族文化的反映形式各有千秋,要具体根据实际需求来选用。从民族自身的角度出发,其文化精神能够通过体育文化的形式得以体现,某种程度上,也反映了篮球文化的民族性特点。不同民族所在的地域不同,其产生与发展的历史、形成的文化形态都有所差别,这些主要反映在对篮球运动的理解与运动上,也是差异性较为显著的地方,在这样的背景下,不同的技术、战术风格便形成了。

二、篮球文化的功能

篮球文化的功能,与篮球运动的功能是有所差别的,即从文化的角度来加以分析,具体可以归纳为以下几个方面的显著功能。

(一)健康功能

篮球文化的健康功能是通过参与者参与篮球运动体现出来的。篮球运动作为一项综合性的体育运动,需要参与者具备多方面的素质,同时,也能促进参与者多方面的成长。青少年参与篮球运动,接受篮球运动文化的熏陶,可以提高身体素质,改善各系统的功能,从而得到体质方面的提升,还可以锻炼青少年的坚强意志、促进人际交往,有助于心理健康和社会适应能力的提高。

(二)濡化功能

濡化,可以理解为熏染,其所指的是一个过程,将人在一个环境下的逐渐变化作为关注的重点,人是社会的个体,是社会的一分子,在一个大的环境下,人被别的事物同化是非常容易且经常发生的事情,不断经历这样的过程,就能使个体生物人发展到社会人。从篮球文化的角度上来说,其所形成的环境是健康的、和谐的,通过篮球运动,能够有效地激发和培养参与者的社会认同感、团队意识、遵守规则、平等、公正和竞争等社会观念和行为模式。文化产品所起的作用最为直接,这种价值观念一旦形成,便会以"润物细无声"的渗透方式对受众的动机和行为产生影响。

（三）疏导功能

调查发现,现代青少年在抗挫折能力方面有所下降,导致这一现象的原因有很多,其中,最主要的原因来自较大的学习压力和就业压力,青少年在较大的压力下,需要通过一定的途径和方式去释放,从而使不良情绪得以舒缓,身心得到愉悦。当青少年处于篮球文化环境中时,会对篮球文化产生一种自觉的探索,对其中所传递的各种信息进行筛选和研究,在不断深入体会篮球运动魅力的同时,能使自身的压力得以缓解,紧张的学习生活也被赋予了一定的趣味性,为更好地学习创造了有利条件。

（四）凝聚功能

篮球运动本身是一项有身体对抗性的集体性运动项目,整个比赛的参与人员可以看一个大的集体,他们聚集在一起的主要目的都是好好比赛,取得最佳成绩;而对于参与比赛的双方来说,每一个队又是一个小的集体,他们要团结起来,齐心协力,争取比赛的胜利,篮球文化的这个功能是非常显著的,篮球比赛带来的强烈的集体荣誉感,形成善于合作的团队精神,使青少年的身心得到了陶冶,青春爆出激情的火花。①

（五）传承功能

从文化的整体上来说,其在整个不断发展演变的过程中,就体现出了其显著的传承性特点。传承是一种心理行为,也可以将其理解为一种惯性行为,能够将传统文化中先进、可行的部分继承下来,并加以发展和改进。在篮球文化下,青少年在这种文化中熏陶成长,会把他们的认知传递给其他的篮球爱好者,如此一来,就可以使篮球文化延续下去。

---

① 佘艳丽.高校篮球文化结构与功能研究[J].山西财经大学学报,2010,32(S2):321+323.

第三节　青少年篮球赛事文化欣赏

一、青少年篮球运动的主要赛事

我国青少年篮球运动的赛事,主要有中国大学生篮球联赛、大学生超级篮球联赛,还有逐渐兴起的青少年篮球公开赛(NYBO)。

(一)中国大学生篮球联赛(CUBA)

中国大学生篮球联赛,简称CUBA(China University Basketball Association)。其规模之大,参赛队伍之广,现场观众人数之多均创我国赛事之最。中国大学生篮球联赛的举办和发展,意义重大,其改革的方式和力度都有效促进了中国篮球职业化的发展进程,促进了篮球运动的发展及国家与世界的接轨。除此之外,中国大学生篮球联赛的举办和发展,还从新的视角出发,以全新的思维方式推动了学校课余体育训练的开展和中国高级体育人才培养模式的提出与实施。

CUBA比赛分为基层预赛、分区赛和决赛三个阶段。

(二)大学生超级篮球联赛(CUBS)

"大学生超级篮球联赛"(简称"大超"联赛)是2004年6月1日诞生的。

大学生超级篮球联赛的创办有其自身的显著特色:首先,强强联手,联赛的水平相对较高;其次,通过专业化的运作,使"大超"联赛的商业空间得到进一步的拓展;再次,通过高校互动的形式,使得校园篮球文化的发展得以促进。

通常,大超联赛常规赛为循环赛制,各区积分最高的前四名晋级季后赛。

(三)青少年篮球公开赛(NYBO)

青少年篮球公开赛,简称NYBO(National Youth Basketball Open)是在国家体育总局青少年体育"十三五"规划和中国篮协"小篮球规则"的指导下应运而生的,由国家体育总局青少年体育司、中国篮球协会、中国中学生体育协会联合支持的一项专属青少年的篮球赛事。

秉持"让不是校队的孩子也有正式比赛可打"的赛事宗旨,NYBO通过每周末比赛、持续全年的赛事安排,为中国 4 ~ 16 岁的篮球少年搭建一个青少年业余篮球赛事体系。NYBO 坚持"每周一赛 见证成长"的赛事口号,将全赛季的赛程分为秋季赛(9 月至 12 月)、春季赛(次年 3 月至 6 月)、全国总决赛(7 月至 8 月)三个阶段。此外,赛事将参赛球员以 2 岁划分为一个年龄组,分为 U6、U8、U10、U12、U14、U16 等组别,并针对各个成长阶段的特点,使用更适合的小篮球及小篮架。

自 2017 年 9 月在北京启动以来,NYBO 已在北京、上海、广州、深圳、杭州、郑州、昆明、哈尔滨、沈阳、济南、西宁、合肥、南昌、南京、恩施、福州、乌鲁木齐、呼和浩特、贵阳等 40 余个城市及赛区落地,累计为超 30000 名喜爱篮球的青少年提供了超 7000 场比赛。

二、欣赏青少年篮球赛事文化应具备的基本条件

对青少年篮球赛事文化的欣赏,并不是随意而为的,而是需要具备一定的条件的,具体如下。

(一)要有较高的篮球文化意识水平

篮球运动不仅仅是一项体育项目,其已经成为很多领域的共同参与者和体现者。篮球运动的功能,不断被扩展和充实,体育运动方面只是众多功能之一,因此,要对篮球运动加以欣赏,首先要从其文化现象上加以欣赏。

篮球运动本身所具有的文化特征是较为显著的,且其涉及的范围也比较广泛,运动的相关知识、规范及比赛用到的场地设施等,以及价值观念,都可以被归入文化特征的范畴。因此,就要求我们在首先对篮球运动固有的特征加以了解,在此基础上,再正确认识篮球运动的价值,进而更加深入地理解篮球运动在社会的进步、政治的稳定、民族的团结、世界的和平等方面的作用。[①] 只有这样,欣赏者对青少年篮球比赛的认识才能更加深入,欣赏的投入程度也会更高。

(二)熟悉篮球运动项目的特点和比赛规则

篮球运动与其他体育运动项目一样,有自身独特的、完整的技术和战术体系、特定的场地和比赛规则,并且这些内容都是在不断发展和变化的。如果对该方面的知识了解甚少,那么就无法保证对篮球运动的欣赏

---

① 蒋小勇.论现代篮球运动欣赏 [J].体育科技文献通报,2011,19(04):126-128.

的顺利进行,还有可能起到负面效应。

(三)注重个人修养,文明欣赏

即便是青少年篮球比赛,能参与的青少年与运动员是相差无几的,都是身材高大的,比赛的场面激烈而紧张,战术机智而灵活,能让欣赏者情绪时而亢奋,时而消沉。这时候,欣赏者的情绪会根据比赛的节奏发生相应的变化,因此,就需要欣赏者对自己的情绪进行有效控制,否则,有可能会发生连自己都意想不到的事情。

在青少年篮球比赛过程中,如果欣赏者所支持的球队失利或被裁判误判,一定要克制自己的不良情绪,不要做出向场内扔东西,甚至冲向球场殴打对方球员和裁判的事情,影响赛事人员的安全,妨碍比赛的进行。因此,提高欣赏者的自身修养,文明欣赏,是非常重要且必要的。

三、青少年篮球赛事文化的欣赏内容

(一)篮球运动的自然美

自然美,在青少年篮球运动员身上,主要表现为:人体本身的耐力、节奏力度、意志品质、匀称及其在运动过程中动作的优美、协调等各个方面。这里主要对青少年运动员的体形和姿态加以欣赏。

1. 体型健美、匀称

在当下的青少年篮球比赛中,篮球队队员的体形的发展方向:剽悍健美、肌肉发达、小腿细、大腿粗、臂长手大、关节灵活、四肢长、躯干短、体形匀称、身材高大,由此,青少年篮球运动员将小个头的灵敏和大个头的快捷等优势集于一身。十足的弹跳力以及惊人的柔韧性等方面,是体现青少年篮球运动员的形体美的重要体现。

2. 姿态大方、优雅

由于篮球运动对青少年运动员的肢体配合要求非常高,需要进行大量具体的跳跃及转移等动作,这就赋予了其大方、优雅的姿态;同时还使得其腿、腰、臀、腹等部位的肌肉得到较为充分、全面的锻炼。由此可见,长期的、系统的、科学的篮球运动,能够有效地促进优雅的人体姿态的产生。

(二)篮球运动的运动美

运动美是体育美的核心,对于青少年篮球运动来说也是如此。在

青少年篮球运动中,技术美、战术美及对抗美便是运动美的重要表现形式。

1. 技术美

青少年篮球运动过程中的技术美,指的就是青少年运动员的动作造型美,素质、技术水平高,体态美等的合称。具体动作的优美、精确、敏捷、娴熟等都能够体现出青少年篮球运动的技术美,除此之外,青少年运动员自身的耐力、速度、灵敏度等也是技术美的重要组成部分。

2. 战术美

在技术美的基础上,战术美不仅包含了团队的完美配合、集体的团结合作,还涉及篮球运动中战术的创新。在青少年篮球比赛中,青少年队员要对自身的主观因素,及对方的战术、实力等进行综合考量,适时改善自身作战计划、战术形式,将战术效能美发挥到极致,从而使自身团队获胜的可能性有所提升。

3. 对抗美

篮球运动本来就是一种具有直接对抗色彩的运动项目。就现代的青少年篮球比赛来说,其过程中必然有十分激烈的对抗,如此一来,自然就会促成参赛双方作战积极性的提升,篮球运动的美学欣赏价值也会得到大幅度的提高。通常,势均力敌的对抗的精彩程度才会更高,也才更有欣赏价值。

(三)篮球运动的变化美

篮球运动作为一项体育运动,本身就是处于不断变化中的,再加上一成不变的事物会使人产生审美疲劳,因此,变化美也是青少年篮球赛事的重要特点之一。

在青少年篮球比赛过程中,青少年运动员和篮球的位置、形态是一直处于变化的状态中的,尤其是篮球本身,在青少年运动员手中、地面及空中飞速流转,这种急速的不断的空间变化能够使青少年运动员的反应速度和判断、执行能力得到有效锻炼和提升,同时,还能带给观赏者无尽遐想的空间。

(四)篮球运动的精神美

篮球精神,指的主要是合作精神、团队精神,优秀的篮球团队不仅仅要求各个队员的独立、优秀，还要求其注重合作、有团队精神。[①] 在一场青少年篮球比赛中，一个团队只有将团队合作和个人优势重点突出相结合才会取得理想成绩。青少年篮球比赛的参与者、观赏者都能对篮球运动精深博大的精神美有所体会。

第四节　青少年篮球文化的构建与实施

一、青少年篮球文化构建的现状

青少年篮球文化的建设在很大程度上影响着我国篮球运动的发展，随着教育水平的不断提高、教学改革的不断深化，青少年的个人发展方向呈现出更加丰富的多元化特点。尽管青少年篮球文化已经在篮球文化和学校文化中占有了一定的地位，但是在建设上仍然存在着很多的不足。当前，青少年篮球文化建设的现状可以归纳为以下几个方面。

（一）篮球文化发展体系不健全

通过对文化发展的分析和探索发现，其必须在一个完整健全的体系的支撑下才能实现。篮球文化作为一种重要的体育文化形式，其在中国的发展往往具有杂乱无章、不成系统的特点。

绝大多数青少年对篮球的理解是处于表层上的，认为其只是一项简单的娱乐健身活动，在日常的学习中，只能起到一定的调节作用，却将篮球文化本质上的深远影响忽略掉了。

篮球文化作为一种辅佐青少年健康成长的文化体系，在以"应试教育"当道的中国中小学校中，没有得到足够的重视，这主要体现在学校领导和学生家长身上。张磊针对湖北省武汉中小学学生和家长进行问卷调查（各发放 900 份），结果如图 2–1、图 2–2 所示。[②] 目前，篮球文化发展体系还不够健全，这就使得对青少年发展篮球文化的理论指导是不理想的。

---

① 范祖荣.大学生对篮球的美学欣赏分析 [J].教育教学论坛，2014(11):168–169.
② 张磊.我国青少年篮球文化发展平台研究 [D].武汉：武汉理工大学，2017.

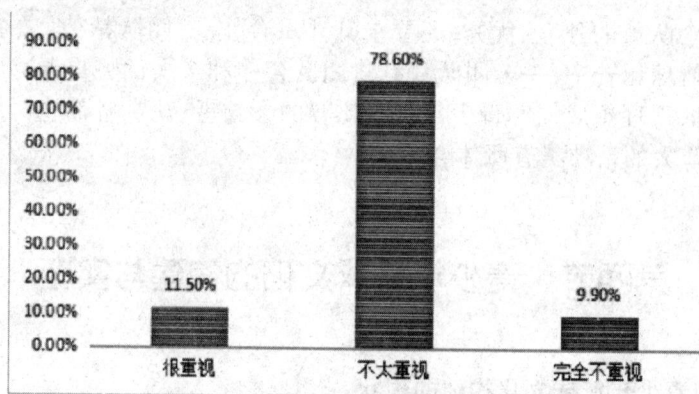

图 2-1[①]　学校对篮球文化的重视程度

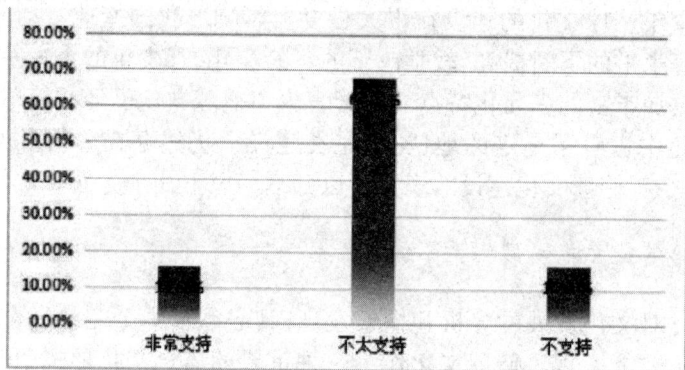

图 2-2[②]　学生家长对发展篮球文化支持情况

（二）青少年篮球运动基础设施不足

　　由于学校教育通常最关注的是学生的学习成绩，而忽略了学生的体育发展，长足的规划更是缺乏，因此，在学校中，其所具备的基础设施只能使学生最基本的运动娱乐需求得到满足，无法再进一步地发展和提升。在篮球方面，学校的重视程度显然是不够的，高校对于篮球运动乃至体育运动的重视程度不足，导致学校的体育教学方法和观念也受到了影响。[③]

　　当前，仍然有很多学校的篮球运动场地为水泥场地，在这样的场地上进行篮球运动，很容易导致伤害事故的发生，并且场地空间不足等因素都

---

① 张磊.我国青少年篮球文化发展平台研究[D].武汉：武汉理工大学，2017.
② 张磊.我国青少年篮球文化发展平台研究[D].武汉：武汉理工大学，2017.
③ 吉立夫，张明亮.高校校园篮球文化建设的策略研究[J].科教文汇（中旬刊），2020（02）：22-23.

会对篮球运动的开展造成影响,设备的落后也对青少年篮球文化的发展有一定的制约。

（三）篮球人文环境建设滞后

篮球人文环境包含的内容是非常广泛的,有建筑、雕塑、篮球比赛、宣传栏、校园广播等方面的活动。这些都会对篮球文化的发展产生影响。

在绝大部分的学校中,以篮球为主体的建筑、雕塑等人文环境是非常少的,这就使得人文环境对青少年篮球文化的潜移默化的影响被忽视。学生每天都可以看见以"运动""篮球"为主题的建筑,势必会对篮球产生巨大兴趣。

当前,我国很多学校在篮球运动比赛方面不够重视,所组织的篮球比赛少之又少,很多学校一个学期都不一定会有一次像样的篮球比赛交流。这对于激发学生参与篮球运动的积极性,青少年在篮球比赛中表现欲的释放,对青少年篮球技术的展现等都是不利的。学生了解篮球讯息的途径是具有较大的局限性的,主要表现:校园宣传栏、校园广播等校园传播媒介很少;有关篮球文化方面的活动更是少之又少。

社区也是青少年参与篮球运动的重要场所。但由于经费、人才、经验等方面的匮乏,社区组织的篮球比赛也较少,即使举办了比赛,也缺乏专业性和科学性,难以保证参与者的安全,无法满足青少年参与篮球运动的需求,这也在一定程度上打击了青少年参与篮球运动的积极性。青少年在社区中缺乏具有资质的篮球指导员或教练员的指导,也很难使自身的篮球运动水平得到提升。

（四）青少年对篮球文化的认识不足

青少年篮球运动的建设过程中,处于核心地位的是学校篮球文化的推广,必须在对学校篮球文化有充分了解与认识的基础上,才能够为青少年树立更好的运动观念提供帮助,也才能使青少年的篮球运动水平得到有效提升。

虽然篮球这项运动已经成为青少年群体之间较为活跃的体育活动,但是青少年对篮球的认识还是较为表层的,大都停留在体育锻炼的层面,对篮球文化的正确认识还没树立起来。同时传统的篮球教育方法也将技巧和体能练习作为关注的重点,对青少年篮球文化的认识还不够全面和深入,没有认识到篮球文化对于青少年的影响,没有认识到篮球文化应有的价值,这使得青少年在篮球文化的建设中的参与程度不够积极和主动。

（五）青少年篮球教学质量水平不高

青少年篮球的教学质量水平不足在很多方面都有所体现。

首先，体育课程所受到的重视程度不够，所安排的体育课时较少，教师不能在充足课时的保证下按照原定的计划来提高学生的篮球水平。

其次，体育教师教授的内容往往将基本的体育锻炼作为强调的重点，所以体育教师的篮球水平本身就存在一定的局限性，不能很好地对青少年的篮球训练活动起到良好的引导作用。

教学质量会对青少年的篮球运动水平产生直接影响，没有高水平的篮球运动能力，青少年对于篮球学习的热情和兴趣也无法得到激发，这就制约了青少年篮球文化的整体提升。

（六）青少年篮球运动经费条件有限

对于大部分学校来说，只能拿出很少一部分经费用于篮球运动。经费不足，所产生的直接影响为教学设备质量的落后，以及篮球教学方法的不全面和滞后。随着科技手段的不断升级，越来越多的多媒体技术被引入课堂教学，但是，这些新兴技术在包括篮球在内的体育项目中的应用是非常鲜有的，这使得高校学生在体育教学方面所享受的教育资源有限。除此之外，经费的不足还导致了与篮球运动相适应的医疗、组织等方面所需要的经费都存在着严重的限制。由此可见，经费是维持并保证篮球运动健康发展的重要条件，经费的限制则会直接影响学生在校篮球运动的发挥空间。

二、青少年篮球运动文化建设的原则

在充分了解青少年篮球文化构建中存在的问题及影响因素后，就可以着手来对其进行科学建设，首先要考虑的是具有重要导向价值的原则，具体包含以下几个方面。

（一）"以人为本"原则

"以人为本"作为重要的教育理念，在青少年篮球运动的发展中也是需要遵循的重要理念和原则。

在青少年篮球运动中，篮球运动在学校的主要对象一个是教学师资，一个是青少年学生，青少年篮球文化中的一个重要内容就是"以人为本"。

通过青少年篮球运动,能够使参与篮球运动的青少年体魄得到增强,人性教育和人格的塑造也能得以实现,由此可以得知,青少年篮球运动本身也是一种人文化篮球理念的体现。

严格遵循"以人为本"的原则,培养青少年素质的全面发展,将青少年对篮球运动的兴趣和积极性激发出来,使其能够自觉地去接触篮球、了解和认识篮球,并进一步热爱篮球,这对其身体素质的提升及社会发展需求都有积极意义。

（二）科学化原则

科学化原则,是所有事物发展都必须遵循的重要原则之一,对于青少年篮球文化建设来说也不例外。当前,科学技术的发展,能将社会的发展状况体现出来,而篮球文化中,同时容纳了科学与人文两个部分,这两者之间既相互独立又相互联系。

先进科学技术的加入,不仅能促进经济迅速发展、社会不断进步,还能有效促进青少年篮球文化的发展与建设。具体来说,青少年篮球文化的宣传是需要借助信息媒体来完成的,而赛事的转播与篮球比赛中的技术统计也需要信息技术的参与和应用;青少年也需要借助上网、广播、校报等传播媒介来获取更多篮球文化的相关信息。

（三）和谐化原则

尽管不同学校的校风是不同的,但是有一点是毋庸置疑的,即积极向上且和谐的校园文化对青少年篮球文化的发展所产生的影响是积极的、正面的,具体体现在以下几个方面。

首先,是物质文化方面的和谐,主要是指青少年篮球文化环境的使用功能与审美需求的和谐统一,具体来说,就是学校总体的规划氛围内,为篮球文化的开展建设其所应有的场馆、场地及相应的设备。

其次,是精神文化方面的和谐,主要是指将学校独具特色的青少年篮球文化与青少年篮球实践活动的开展统一起来,并使两者达到和谐的程度,让青少年在思想上、精神上都得到改变和进步,同时也为其更好地全面发展提供精神支柱。

最后,在制度文化方面的和谐,主要是指通过宽松民主的青少年篮球文化环境的构建,借助不同的方式,来对青少年起到激励作用,使其能做到独立思考,同时,还要借助相应的途径和方式,来充分发挥青少年自由、独立创造学习篮球相关知识与文化的机制作用。

三、青少年篮球文化建设的实施

（一）精神层面建设策略

1. 篮球文化理念的重塑

篮球理念就是篮球运动的思想和观念，就是人们对于篮球这项运动的认知，它是篮球运动文化中最深层次的东西。要深刻认识篮球文化的内涵和价值，研究理解国外先进的篮球理念，这些是我国篮球特别是青少年篮球发展的客观要求。在建设篮球理念的过程中，要以青少年篮球发展的客观需要为依据，对国外的篮球运动理念加以研究，从中汲取一定的经验和教训，丰富和充实我国的青少年篮球理念，并且坚持以人为本的教育方式，让篮球理念能够与青少年篮球运动相结合，发挥篮球运动在学校的整体文化中的价值，确定篮球文化的地位。

2. 构建和谐的青少年篮球文化环境

良好的青少年篮球体育文化环境，是学校环境建设的一部分，其具有显著的复杂性和细致性特点，因此，不断完善这一环境是非常重要且必要的，需要全校师生员工长期不懈的努力才能实现。

（二）物质层面建设策略

1. 广泛拓展青少年篮球方面的资金渠道

学校首先要在政策上给予保障，每年都能拿出一部分资金，用于篮球活动的开展专项上，保障青少年篮球运动的顺利开展；同时，在开展篮球比赛过程中，也要积极拓展资金渠道，广泛地吸纳社会上的资金，来资助篮球活动的开展。

2. 加强基础设施建设与管理

一直以来，基础设施条件都对我国青少年篮球文化建设产生制约作用，基础设施条件的制约是客观的，会对青少年篮球的训练和比赛产生重要影响。加强学校体育场馆设施的建设，使青少年篮球运动有一定的开展平台，也为青少年篮球文化的发展创造了有利条件，为学校篮球运动的开展奠定坚实的物质基础。

除此之外，还要进一步加强篮球设施、器材的管理维护。具体来说，就是要改革篮球设施的管理模式，这是非常关键的一点，这样能够为青少年参与篮球运动锻炼提供相应的便利,同时也为青少年篮球文化的发展创造良好的条件。

（三）制度层面建设策略

1.完善篮球规章制度与相关政策

完善青少年篮球活动的各项保障、法规和条例,使青少年篮球运动的开展安全正常,且篮球竞赛的丰富全面得到保证。

要在青少年篮球方面建立相关的机构,比如,篮球协会篮球俱乐部,或以班级、系别为团体的篮球组织机构,丰富课余篮球活动,增加校内、校际的篮球比赛,激发青少年的集体荣誉感。

2.规范校园篮球管理制度

规范的制度对青少年篮球运动的发展起到促进作用。在青少年篮球管理制度上,应当将篮球专业练习与普通体育教学活动相分离,为篮球文化设立专业的体育培训体系,让其开展的体育活动能够进行规范化的管理。[①]这样,能使青少年的篮球运动水平的提升和基础运动不受影响的状态都得到有力保证。

（四）其他方面建设策略

1.丰富和充实篮球课程内容与教学方式

要进一步推进篮球教学改革,在建立科学的教学模式的同时,还要有效整合教学资源,推进课程改革,将篮球精品课程建立起来。现在的青少年篮球课程中必须增添新颖的内容,这样才能符合社会发展需求,使青少年的需求得到满足,对于青少年学习兴趣的激发也有积极影响,比如,街球篮球、花式篮球等都是可以增添到篮球文化内容中的重要方面。

另外,在教学方式上,要采用多媒体教学等更为先进的教学模式,通过多媒体的应用,来有效推动青少年对篮球运动及其发展的全面及深入了解和认识。同时,趣味性较强的篮球游戏也是青少年篮球的重要教学方式之一,对于学习兴趣的提升有所帮助。

2.建立标准的、有传承性的篮球比赛

作为青少年篮球运动的重要组成部分,篮球比赛对青少年篮球运动

---

① 吉立夫，张明亮.高校校园篮球文化建设的策略研究[J].科教文汇（中旬刊），2020（02）：22-23.

的推广及篮球文化建设水平的提升都是有积极影响的。通过比赛的组织，能使青少年的篮球水平得到有效提升，学校之间标准化联赛的举办，让篮球这项运动能够在学生的竞争过程中发挥更大的魅力，从而提高学校对篮球这项文化的认可程度，让青少年体验到篮球运动魅力的同时，也提高了学校篮球运动文化的整体氛围。

3. 开展篮球文化周，创办篮球论坛

选择一个固定的时间开展以篮球为主题的文化周活动，期间开展篮球比赛、篮球花样表演、篮球裁判培养讲座、篮球学术交流、篮球相关的艺术展览、邀请篮球明星和球迷交流等。[①] 如此能使青少年对篮球的热情得到进一步的提升，更深层次地了解和认识篮球，促进其养成篮球运动的习惯。

四、青少年篮球社区文化建设研究

（一）青少年篮球社区文化建设的现实性和重要性

1. 篮球运动特点决定了其能在社区广泛开展

篮球运动对于场地面积的要求相对于足球要小得多，而对于是否在室内的要求要比羽毛球低，对于装备的投入上要比网球、俱乐部健身等体育项目少。而且这项运动对于人数没有过多的限制，一个人能进行投篮练习、两个人可以单打、四个人可以半场比赛，所以，篮球运动在社区的开展往往是最广泛的。

2. 篮球运动对于青少年成长意义重大

在社区中，青少年是重要的群体，社区是青少年进行体育锻炼的重要场所，而篮球是青少年热衷于选择的重要项目。究其原因，一是篮球运动在全世界的影响力，另外就在于，篮球运动可以促使青少年更加健康茁壮地成长。同时，篮球这项运动更多的是讲究团队配合、追求协作精神，青少年可以通过这项运动学会与人相处，体会到团队合作的力量，为其以后更好地踏入社会打好基础。从完善青少年人格品质方面，篮球也是社区体育运动必不可少的项目。

---

① 刘霞，何航飞.高校篮球文化建设探索[J].河南职工医学院学报，2010，22（06）：714-717.

3. 篮球运动能够更好地带动其他项目的开展

篮球运动作为当今世界的主流体育项目,群众基础极为广泛,当人们被篮球这项运动所吸引的同时,也会更多地去关注其他体育项目,如网球、排球、羽毛球,相应的也就有更多的人投入这项体育项目中。通过篮球运动可以使更多的体育项目在社区当中慢慢开展,也能够更好地倡导终身体育。

4. 青少年篮球社区文化建设可以融合各年龄段人群

篮球文化的社区发展,要求不同年龄段、不同发展水平的社区有针对性地开展活动,促进多种年龄段和多种形式的活动相融合,形成互动,让多个年龄段的群体都参与到社区文化建设中来,形成篮球文化与社区文化的良性互动。通过融合形成内容丰富、各具特色的社区篮球活动,帮助社区居民增强素质、发展人际关系、激发内在活力、丰富业余文化生活。

(二)青少年篮球社区文化建设的策略

1. 坚持以人为本,以青少年为本

在青少年篮球社区文化建设中,篮球活动组织坚持以人为本,构建篮球文化。篮球文化的参与主体要有明确指向,要以着眼于人的全面发展和社会的和谐进步为发展篮球运动的根本目的,体现以人为本的发展理念。针对青少年群体组织比赛既要有一定的对抗性,还要注意比赛的趣味性,能够激发青少年进行篮球运动的积极性。另外,由于社区居民文化具有明显的自娱性。青少年篮球社区文化建设中也要注意自娱性,使包括青少年在内的社区居民积极参加各种文化活动,以满足精神上的愉悦,心态得以调整,并从中体验成功,树立自信,陶冶道德情操,提高审美情趣。

2. 在组织方式上符合社区居民活动特点

社区内居民结构复杂,层次各异,对文化的需求各不相同。青少年篮球社区文化要立足于社区,服务于广大居民,活动内容多种多样,融文化、体育、教育、科普、卫生、社区服务于一体,以灵活多样、多渠道的形式满足了不同层次居民的文化需求。社区篮球文化活动没有固定的模式,场地条件可以适当放宽,根据具体需要来组织。既可以参与到由有关部门、街道和社区组织的大型活动中,也可以在群众自发开展的小型文体活动中进行,不受雅俗、规模限制。

3. 社区篮球文化建设的影响范围不限于青少年

社区篮球文化作为社区文化的组成部分，必然面向全体社区居民，从而使篮球文化从青少年活动扩大到全体居民的参与，由家庭、楼院延伸到小区、街道，由群体文化到社区文化，从多种知识学习、兴趣社团到各类志愿、便民服务等，都使社区篮球文化足以影响每个人和每个家庭、楼院、企业、学校。青少年通过参与其中，可以接受专业训练，掌握一技之长，以便日后工作可以得到机会去体现自己的价值。其他社区居民参与其中，可以宣传篮球运动对于人们身体健康的重要意义，使更多的人参与到篮球甚至是体育锻炼中，丰富社区的健身文化。此外，在社区篮球文化建设中，还要注意篮球场地设施的完善，保障人们日常锻炼的场地，使更多的人有机会进行体育锻炼，使社区篮球运动锻炼真正地深入到每个家庭、每个社区人的生活中。

第三章 青少年篮球教学训练理论

对青少年展开篮球运动教学与训练是提升他们篮球运动技能的重要方式。只有科学合理地组织教学训练才能获得预期成果。为此，本章就对青少年篮球教学训练的相关理论进行阐述，以期为青少年篮球教学训练的实践打好基础。

第一节 青少年篮球教学理论

一、篮球教学的任务

包括篮球运动教学在内的多种体育教学活动的开展目的为完成既定的教学任务。针对青少年开展的篮球教学活动来说，它的任务主要包括以下四项内容。

（一）增强青少年身体素质

对于任何体育项目的参与来说，都需要青少年有足够的身体素质予以支持。篮球运动本就是一项对参与者各方面身体素质要求较高的项目，它里面不仅包含有基础的跑、跳、投等动作，还包含众多结构复杂的技术动作和战术动作，种种这些都非常依赖青少年的身体素质来实现。为此，篮球教学活动无疑为青少年身体素质的增强助益不小，其不仅促进青少年体质水平的提升，增强身体抵抗力，还影响青少年的心理，以心理健康促身体健康。可见，篮球教学在这方面的价值是非常高的。

（二）传授青少年篮球运动知识与技能

篮球教学活动中包含的主要内容为篮球理论知识、篮球技术和篮球战术三大类。如此不难看出，篮球教学的任务就是要传授给青少年篮球运动理论知识和技战术能力，其目的在于能让青少年在学习了这些内容后,得以在篮球实战中顺畅运用。三方面内容中,理论知识是学习技战术技能的基础和依据,而技战术技能又是理论知识的实践反映。可见,这三个内容之间存在一个相互作用、相互统一的紧密关系。

（三）培养青少年的集体精神和意志品质

篮球运动作为一项在团队运动,自然带有培养参与者集体精神和团队意识的效果,同时篮球比赛过程瞬息万变,参与者要面对诸多局面,在应对不同局面时,特别是应对艰难局面时,实质上也是一种对自身意志品质的锻炼。在这样的锻炼下,正处于价值观建立阶段的青少年更加容易形成正确的人生观、价值观。其次,篮球教学作为一个教育过程,其对青少年的教育培养价值也是有很大体现的。所以,培养青少年的集体精神和意志品质也是篮球教学的任务之一。

（四）激发青少年的创新意识和能力

尽管篮球运动的主要教学内容为篮球理论知识和实践技能,但在教学过程中教练员始终要在潜移默化之中激发青少年的创新意识,并培养他们的创新能力,这也是篮球教学的一项重要任务。因为篮球运动本身就是一项创造性极强的运动,在实战中,原本死板和基础性极强的技战术,通过巧妙的编排和适时的运用后可以达到出其不意的效果,这无疑需要青少年具备创新意识和足以支持这个意识转变为行动的能力。因此,通过篮球教学能够对学生的创新能力起到一定的促进作用。

二、篮球教学的内容

篮球运动理论知识和技战术技能是篮球教学的主要内容,这些内容根据难度还被分为不同等级。在教学实践中,选择哪种等级的知识和技能进行传授要以教学对象的层次和教学目标为依据来选择。

（一）理论知识

对篮球理论知识的教学能够让青少年从全面的角度了解这项运动,如果能对其中一些知识的研究更加深入,则更能让青少年从本质上认识篮球运动,这对他们日后顺利学习实践技能是非常有意义的。

我国目前的篮球运动发展基本已形成相对完整的理论知识体系。在这一体系中的所有知识都很有传授的必要,是篮球运动理论教学的基础内容。

（二）技术技能

技术技能是篮球运动实践内容教学中的基础。篮球运动中的技术技能众多，每一项技能可分为技术规格、动作方法要领和技术运用三个部分。在实践教学中，教师要注重讲解的正确性以及示范动作的标准性，以此能让青少年尽快对技术动作建立起正确的表象认识，直到最终他们完全掌握动作。

（三）战术技能

篮球运动中的战术技能是由不同的技术技能组成，并以实现一定战术意图为目标的行为。战术布阵是篮球运动的主要对抗形式，如此也决定了战术阵势和战术配合充斥在整个篮球比赛中。因此，战术技能也是篮球教学的主要任务之一。

实际上，一些在篮球比赛中看似眼花缭乱的配合都是由较为基础的战术配合组合而成的。所以，在篮球战术教学实践中，传授更多的是那些由两三人完成的基础配合，以及此后的全队配合。在这部分内容的教学中，教师要合理选择教学方法和教学手段，以使青少年能更加直观地了解战术中人与球之间的关系、跑动路线、攻击点、战术开始时间及临时变化的应对等内容。另外，在战术技能的传授中还不能忽视对青少年战术意识的培养，这才是从根本上提升青少年篮球战术能力的关键。

三、篮球教学的方法

所谓的教学方法，就是在教学过程中教师与学生之间学习信息传递的方法。篮球教学的主要内容为理论知识和实践技能，以此为依据，大体可将篮球教学方法分为常规方教学法和现代教学方法。

（一）常规教学方法

1. 讲解法

讲解法，是篮球教学过程中教师以语言讲解为主要教学信息传递方式的教学方法。篮球运动所涉及的理论知识和技战术技能的内容众多，特别是很多技战术内容非常复杂，必须通过精准且反反复复的讲解才能实现信息的完全传递。由此可见，这是篮球教学中最为主要的教学方法。

为了使用好讲解法，首先需要教师拥有过硬的语言讲授能力。良好的讲解是一项艺术,除了语言精确、语调有侧重外,还要注意把握好讲解时机、突出重点,让学生能清楚地捕捉到教师想要传递的信息。

2. 演示法

演示法,是指在篮球教学中教师在适当的时机下采用给学生做演示的方式来传递教学信息的方法。现代篮球教学的演示手段是较为多样的,最为常见的是教师亲自做动作示范,以及利用视频等现代化教学设备代替教师所做的示范等等。通过演示法的运用,可以让学生以更加直观的方式建立和巩固运动表象,因此,这种教学方法在篮球教学的任何阶段都有较高的使用价值。

3. 练习法

练习法,是指在篮球教学中通过组织学生进行身体练习而实现技能教学成果的教学方法。练习教学法的核心就在于以学生的身体练习为主,练习的方式有分解练习和完整练习,常规条件下的练习和非常规条件下的练习。针对篮球运动的练习分为个人技术练习、对抗性练习以及与他人合作的战术配合练习等。练习法要想使用得当,关键在于教师对练习时间、练习内容和练习强度的掌控是否合理。

4. 纠错法

纠错法,是指在篮球教学过程中教师在发现学生出现学习内容错误时予以及时纠正并做进一步讲解的方法。实际教学中纠错法的运用,主要为通过诱导的方式和条件限制的方式。

上述几种教学方法只是篮球教学方法体系中的一个部分。在实际的教学当中,如果仅仅选择一种教学方法是难以达到理想的教学效果的,正确的方式是将这些教学方法结合使用,借助不同教学方法的优势,如此才能使教学效率获得提升。

（二）现代教学方法

1. 目标分类法

目标分类法,是指在篮球教学中以教学的任务和初始测量数据为依据对教学内容进行分解,然后逐个组织学习的教学方法。简单来说,目标分类法其实就是将总体教学目标按照一定的逻辑和关联进行拆分,从而形成众多小目标。教学活动就以完成每个小目标为基础,当所有小目标都完成后,总目标也随即实现。为了确保小目标的完成效果,在教学的不同阶段都要对教学状态分别进行评价,即初始评价、中期形成性评价和末期终结性评价。

2. 指导发现法

指导发现由教师的指导和学生的发现两部分构成。合理运用这一教学方法能在很大程度上提高篮球教学的效率和效果。

指导发现法的具体方式为是教师以自行组织的指导语改造教学内容，并以学生易于理解的语言讲授，使之成为学生通过努力可以自行解决的问题，同时还要向学生提供必要的观察和分析材料。学生在教学前以自身能力预习即将学习的内容，从中发现问题，并在教学中谋求寻找问题的答案。教师在教学中要给学生提出的问题予以回答，并采用分析和归纳的方法进行总结。

3. 案例教学法

案例教学法在篮球运动教学中主要针对的是战术技能、竞赛组织、裁判法等内容的教学。在实际使用中，案例教学法要以教学大纲为依托，然后选择较有代表性的案例作为教学辅助，通过教师对案例的讲评来达到使教学活动更为直观生动的效果。

采用这种教学方法的注意事项为，教师所选择的案例一定要紧密贴合教学内容且具有典型性，并且这种教学方法的使用主要针对的对象应为有一定篮球运动基础的学生。

4. 程序教学法

程序教学法，是以认知规律和技能形成的规律为主要依据，将篮球技战术教学内容分解成为若干个相互联系的小步子进行教学，并在过程中建立有针对性的、适宜的评价信息反馈系统的教学方法。使用程序教学法要按照一定的步骤，具体为学生依据拆分后的小步子学习，学习后做好阶段性学习效果评价，教师根据学生在小步子学习中的阶段性成果进行评价，如教师评价学生的学习达到了预期效果则可进入下一阶段的学习之中，如没有达到效果，则返回之前的步子重新学习，过程中教师辅以必要的指导。

5. 合作学习教学法

针对青少年群体开展的篮球教学活动的组织形式通常为多人进行，这就为合作学习教学法的使用做了一个好的铺垫，如此让青少年在合作学习中学到技能，且合作的过程也是他们难得的师生共同参与的社会活动过程。使用合作学习法要按照一定的步骤，具体为将学生进行分组→选定组内骨干→组内练习互相帮助→获得预期成果。教师在利用合作学习教学法的过程中,要注意充分利用分组教学的优势,多多组织小组练习、小组竞赛和小组评价等方式调动学生的积极性并灌输给他们一个团队的概念,如此使学生更快建立彼此的信任,更认可自己的团队。

四、篮球教学文件的制定

（一）教学大纲

教学大纲是教师教学工作的主要指导性文件。它是根据教学计划中所规定的培养目标、教学目的、教学任务和基本要求以及对各门课规定的总时数,以纲要的形式列出该门课程的教学内容、顺序、分量、形式、主要措施。

教学大纲是国家对该门课程提出统一要求的法定性文件,是检查教学质量的统一标准。教学大纲一般是由国家统一制定和颁发的,但有的学校也可以由其自己制定符合其自身发展的教学大纲。

教学大纲一般由以下三部分组成。

1. 说明

在说明中简要阐明本大纲的使用范围和对象、制定大纲的指导思想和原则、使用时应注意的问题。

2. 正文

在正文中要阐明本门课程的教学目的任务、教材编选的原则,组织教法的形式、方法和要求,教学内容的细目提要与基本要求、时数分配与各部分的比重,完成教学任务的主要措施,考核内容与方法。

3. 参考文献目录

要列出主要的参考文献、作者、名称、题目、出版刊物名称与机构、出版时间及页码。

制定篮球运动教学大纲主要有以下要求。

（1）从实际出发,落实教学计划所规定的培养目标和要求,并提出明确的教学目的任务。

（2）根据篮球运动的特点,确定本课程的任务、时数、教材内容,突出篮球运动基本理论、基本技术和基本技能的教学训练与培养。

（3）合理分配时数,要保证理论与实践的合理比例。

（4）要注意教学内容的科学性、系统性和先进性。

（5）考核内容应以基本理论、基本技术与基本技能为重点。考核方法应能全面、客观地反映学生的理论、技术与技能的真实水平,评分办法力求科学。

（二）教学进度

教学进度,是指在遵循教学大纲的基础上,具体将教学内容落实到每次教学活动之中的安排。教学进度是否合理,要看其安排是否具有足够的科学性。

1. 制定和安排教学进度的基本要求

制定和安排教学进度要做到如下要求。

（1）有机结合全面性和侧重性

制定科学的教学进度离不开对篮球运动的了解和对其技能培养规律的把握,这是科学制定篮球教学进度的基础。如此所制定的进度,可使学生对篮球运动首先建立一个基本认识,然后从这个认识出发不断完善,最终建立一个系统的、完整的篮球运动概念。不过在进度制定上也要注意有所侧重,这是由于篮球技能的培养并不是一个速度平均的过程。这需要在教一些有难度的内容时增加课时,或是增加练习时间,而教学内容相对简单时就可以视学生的学习情况适度减少教学时间,以此做到突出重点,这会让学习更加富有效率。

（2）严格遵循循序渐进的原则

制定的篮球教学进度务必要遵循循序渐进的原则。对于篮球教学来说,循序渐进本就是一项最为基础的原则。制定教学进度也本着这一原则对学生夯实所学内容是非常有利的。需要认识到的是,提升篮球技战术水平并不是简单依靠掌握几项技战术就能实现的,目标水平的达成一定需要将技战术科学、合理地组合,并且适时灵活运用。另外,篮球技战术是用于实战的,既然是实战,里面就包含了大量的对抗和干扰,而在练习中为了重点学习技战术,应在没有干扰的情况下完成练习,只有当技术相对扎实后才会加入干扰元素辅助练习。这些都是遵循了循序渐进的原则而出现的,反映到教学进度的制定上,就需要按照由简到繁、由易到难、由少到多的程度进行。

（3）对理论与实践进行科学合理的安排

理论结合实践对于篮球这种实践性极强的运动项目的教学来说是非常重要的。篮球运动本是一项实践性运动,实践性是其本质属性中所自带的,而篮球理论的重要作用在于它能够对实践进行指导,也能让人从更深入的角度去理解篮球的精髓。因此,在教学进度的制定上就要做到合理安排理论课与实践课,并且以不同阶段的任务与要求为主要依据,来对理论课、教法课、实践课进行有针对性的安排。

（4）要重视教材的选择和运用

教材是教师与学生教学活动的重要媒介,教学是教学内容的客观体现。在对教学进度进行制定的过程中,务必要对每堂教学课的教材分量予以确定,每堂教学课的教学量要做到恰到好处,太多或太少都不利于获得最优教学效率。通常来说,一至两套新教材并配一套复习教材是较为理想的标准。

（5）要保证运动负荷量的适度

每堂教学课的运动负荷量的安排是否合理,很大程度上决定着教学课的质量。教学进度的制定应充分考虑好对运动负荷量的安排,应本着循序渐进的原则进行安排,待学生逐渐适应现有负荷量后再适当增加。而对于一些负荷量不同的练习来说,每堂教学课中应尽量做到大、中、小不同等级的负荷量相结合,以此使每堂教学课的总体负荷量基本保持平衡。

（6）将课内学习与课外活动有机地联系起来

学校篮球活动的开展有课堂教学和课外活动两大部分。一般在制定教学进度时考虑更多的是课堂教学,忽视课外活动这一方面。为此,正确的教学进度安排要兼顾课内与课外的篮球活动,力求做到统筹规划、内外结合、联系紧密。

2. 教学进度的格式

教学进度的制定要以一定格式为例进行,如此有助于教学进度的格式化、直观化和规范化。一般常见的教学进度格式有符号式和名称式两种。

（1）符号式

符号式教学进度顾名思义就是以符号的形式来表示教学进度相关情况的方法。表 3-1 就是一个符号式教学进度的范例。符号式教学进度的表格中要将各种教学内容填入相应编号中,然后用符号 × 将每个教材出现的顺序和次数在相应的每次课的空格中标示出来。如此教师就能非常直观地看到不同内容的教学先后顺序、数量和重复次数,这能够为其教案的编写提供诸多便利。

表 3-1　符号式教学进度 [①]

编号	教学内容	教学时数	出现次数	课次																
				1	2	3	4	5	6	7	8	9	10	11	12	13	14	15	16

（2）名称式

名称式教学进度是以编号来表示课程顺序,然后在教学内容和组织教法栏内填入相应的内容名称和教学方法名称的教学进度表示方法(表3-2)。名称式教学进度表能让教师在了解教学内容和对应的教学方法后立刻转入教案的编写环节。

表 3-2　名称式教学进度 [②]

课次	教学内容	组织教法	备注
1			
2			
…			

（三）教案

教案是教师在教学进度的基础上编制而成的具体的教学课时计划。在教师这一层级来说,这是最为重要的教学文件。教案对于教学实践来说具有非常重要的作用,它不仅是教师遵照执行教学行为的文件,也在很大程度上决定着教学大纲所规定的教学任务和目标的实现。编写教案是每名教师的基本功之一。

① 孙民治.篮球运动教程[M].北京:人民体育大学出版社,2006.
② 孙民治.篮球运动教程[M].北京:人民体育大学出版社,2006.

1. 编写教案的基本要点

要想编写一份详尽的、可操作性强的教案是非常不容易的事情,它需要综合教学大纲、教材、教学目标、教学情境、教学方法以及教学过程等众多因素,还要顾及学生的实际学习能力和已具备的对知识或技能掌握的基础。为此,编写一份好的教案应做到如下几点。

(1)领会教学大纲

教学大纲是以纲要形式编制的有关教学内容的指导性文件。教师在编制教案前一定要仔细研究教学大纲,发掘其中的重点内容。这样做可以给教师的教学行为带来极大的促进作用,它不仅可以使教师从总体上把握篮球运动教学的目的和任务,为其确立教学方向,还能使教师得以从宏观整体的角度来了解篮球教学中所涉及的知识和技能体系,以及对其中各部分之间的内在联系有更为深入的认识,如此会让其在教案的编制中做到全面安排、突出重点。

(2)详读和研究教材

教材是一种被具体化了的教学大纲,是教学活动中教师与学生的媒介,更是教师开展教学活动的工具和依据。为此,教师对教材进行通读和详读就显得很有必要。通读教材可使教师对教材的整体结构有初步了解,这一方式多为在教师接受教学任务后开始。精读教材则可使教师对教材的具体内容有更为详细的了解,这一方式在即将开始授课前进行。

(3)明确各层级的教学目标

教学目标分为整体和部分两大类,其都是对一个阶段的教学活动结束后学生所获得的学习成果的一种预期。在整个学习过程中,学生只有通过不断的学习,才能逐个完成部分目标,直至最终完成整体目标。如果以抽象程度作为表述依据的话,可以将教学目标分为终极教学目标、中程教学目标、具体教学目标三个层次,这三层目标是由抽象逐渐过渡到具体的。

(4)认真体会教学情境

在教学活动中,良好的教学情境对教学效果的帮助是巨大的。为此,教师需要对篮球教学开展的环境有所了解,只有如此,才更容易从本质上看懂篮球教学,才能满足教学规律对教学提出的要求。教师对教学环境的了解,本质上也是一种谋求从外部建立有利于教学效果显现的优势。具体对教学情境的了解主要应关注两个方面,一个是对教学对象(学生)的了解,另一个是对教学硬件设施的了解。当教师对这些教学情况有了充分了解后,就能更准确地知晓教学开展的优势和弱势,教学的难点与重点,从而能更加客观和全面地衡量目前确立的教学目标是否妥当,是否需要调整,如此经过适度调整后的教案必然有着更高的可行性和实用价值。

（5）选择正确的教学方法并加以运用

教学方法实际上包含教师的"教"和学生的"学"两个方面,所谓的教学方法就是两个层面结合后形成的教学方法。正确的教学方法的选择有利于以更加高效的方式完成教学任务,学生也能在消耗最少时间的情况下掌握知识或技能,从而让学生能尽快在篮球运动的学习过程中得到身心等多方面的发展。

正确教学方法的选择有时不仅是教师一方决定的,学生的基础水平、学习能力、运动经历等实际情况也是选择教学方法时理应考虑的因素。这就要求教师在选择和运用教学方法时一方面要关注教学思路和教学经验,另一方面还要在教学方法多元化、创新化上动脑筋,以期能更加有创造性和灵活性地选择和运用教学方法。

（6）精心设计教学过程

教学过程包含教师的"教"和学生的"学"两个过程。就教师的"教"来说,这是一种有目的、有计划、有组织的知识或技能的传授,同时兼顾影响学生的思想道德和意志品质,如此使学生得到全面的发展。而学生也要积极接受来自教师的指导,表现为对知识和技能的努力研究和勤奋学习。如果能对教学的过程进行精心设计,则能使教与学两个环节都顺畅进行,如此自然能提升教学效率和质量,教学任务也就能顺利完成。反观没有经过精心设计的教学过程,其在许多环节中都可能遇到阻碍和不畅,影响教学质量。

2.教案的格式

常见的教案格式有表格式和条文式两种。下面就对这两种格式的教案特点和优势进行说明。

（1）表格式教案

以表格的形式展现教学活动中的各项事宜,就叫作表格式教案。具体的写法是:首先,将上课时间、授课班级的基本信息填写好;然后在确定课的任务的基础上,按表格各栏的先后顺序,将表格每一部分的教学内容、组织教法、练习次数和运动量及其他有关事项填写好;最后,等到教学课结束,填写课后小结(表3-3)。

（2）条文式教案

条文式教案是以课程顺序为基础,对相应教学活动情况以文字形式表述的教案。条文式教案的编写要求教师有足够的逻辑思维。

表3-3　表格式教案 [①]

上课日期：　　年　月　日　　授课教师：

班级			第　周	场地器材与媒体	场地：器材：媒体：	
人数	男		第　次课			
	女					
	总					
教材内容			教学任务或教学目标			
重点难点						
教学过程	教学内容和达成目标		教学组织与方法		练习	
			教师教法	学生学法	次数	时间
作业和参考文献推荐						
病弱处理						
课后小结						

五、篮球课堂教学管理

除了遵循体育教学的特点规律外,要想使篮球教学课更加科学化、合理化,还必须有先进的课堂教学管理。一般来说,篮球教学课管理主要包括三个部分,即课前管理、课中管理和课后管理。

（一）课前管理

篮球教学课前管理的主要内容包括以下几个方面。

（1）教师通过适当的方式,将本次课的内容告知组长或技术骨干,并对他们参与管理的形式进行指导。

（2）教师应将上课的辅助教具和球的数量通知有关人员,做好上课的准备。

---

① 孙民治.篮球运动教程[M].北京:人民体育大学出版社,2006.

（3）遇上课地点有变动也应事先告诉学生，以免出现混乱，延误上课时间。

（4）教师必须提前到达上课场地并准时上课，给课中管理创设一良好的气氛。

（二）课中管理

对篮球教学课中管理，教师应考虑以下几个基本原理。

1. 能级原理

能级原理是指教师根据教学对象的年龄、体质、篮球基础、心理状况的不同，对所要完成的练习提出不同的要求，如学同一动作时，有的同学掌握得快且好，而有的同学则很长时间学不会。因此，教师在课堂管理中，应充分考虑学生在学习能力上所表现出的差异性。

2. 分合原理

对于一堂篮球教学课来说，全班或全组学生就是一个整体，但根据课的进程，这个整体有时要分散，有时需要集中。分分合合是篮球教学课的特点之一。因此，教师实施分合教学时，一定要掌握好时机，用严密的组织手段进行。切勿一窝蜂自由分合或松松垮垮被动分合。对教师来说分合管理的水平是教师组织能力和管理水平高低的具体反映。

3. 动力原理

动力原理是指激发和调动学生的内在动力和学习的积极性。对于篮球课堂教学来说，有很多种调动学生积极性的方法。从管理角度来看，教师善于向学生输出学习动力是最有效的办法。在篮球课堂教学中，有些管理性的工作可以让学生轮流来做。事实证明，教师给学生的动力越多，管理的效果就越佳。

（三）课后管理

篮球教学课是按照教学进度以课时的形式进行的，在课后（即上次课与下次课之间的时间里），教师与学生之间的教学活动并没有停止。所以，教师要对课后的活动进行有效的管理，以克服课堂上个别对待、因材施教等方面的不足，作为课堂教学的补充。课后管理的组织形式主要有作业、自练、观摩等。

1. 作业

作业是指教师根据篮球教学的进程,随时布置一定量的课外作业。课外作业的内容一般应与课堂教学密切联系。它是复习巩固理论知识和技能及加深运用的重要环节。

在组织和布置课外作业时,教师应根据教学的需要,有计划、有目的、有重点地及时向学生布置作业。教师对学生的课外作业要认真批改,写出评语,指出学生的优、缺点;评定分数,作为平时考核的成绩;及时返回给学生,使学生获得反馈信息,以利于继续努力学习。

2. 自练

自练是指在篮球教学课中一些学生未能掌握的技术动作,由学生帮助或教师辅导,在课后进行自己练习的一种教学辅助形式。

教师有效地组织学生自练,对课后管理具有以下几方面作用。

(1)通过学生自练,有助于教师因材施教,区别对待,给成绩优异的学生以发展的机会,给掉队的学生补课,从而提高篮球教学课的整体效果。

(2)通过学生自练,可以调动学生的积极性,充分发挥其主观能动性。通过教师和学生的相互帮助,能使师生的感情更加融洽,形成良好的教学环境。

(3)通过学生自练,还可以有效地培养学生的自学能力、独立思考问题和解决问题的能力。让学生在自练中进一步理解、运用和巩固课堂上所学的知识、技术和技能,为过渡到下一次课的学习做好准备。

3. 观摩

观摩是教师根据一定的教学目的,组织学生到现场观摩篮球竞赛、竞赛实况转播或电视录像等的一种教学辅助活动。

观摩是篮球教学课的重要补充,主要体现在以下几个方面。

(1)观摩可以使篮球教学课与篮球竞赛的实际紧密相连,给学生以大量的篮球运动实践知识,有利于学生更深刻地领会课堂教学所学到的理论知识和技能。

(2)观摩可以扩大学生的眼界,开阔视野,启迪思路,激发学生进一步学好篮球课的兴趣。

(3)观摩可以使学生目睹篮球运动员的风采、良好的体育道德和积极进取顽强拼搏的精神,有利于加强对学生的思想教育。

根据课堂教学的需要,观摩通常又可分为以下几种类型。

（1）准备性观摩：是指在上新课之前，教师组织学生观摩，为学好新课做好感性认识的准备。

（2）并行性观摩：在篮球教学的过程中进行，如讲授完篮球竞赛规则后，组织学生重点观摩篮球裁判员临场执法的情况。

（3）总结性观摩：在完成某阶段教学后进行，以深化巩固本阶段所学的教材内容。

六、篮球教学的评价

（一）篮球教学评价的主要内容

篮球教学评价的内容主要包括三个方面，即教学目标、理论知识及技战术的评价，具体如下。

1. 教学目标的评价

对教学目标的评价包括的内容主要有两部分：一是评价目标制定的合理性，二是评价教学目标的达成情况。合理性的测量与评定是对教学大纲和课时计划中确定的篮球教学目的任务进行客观分析，对大纲的教学目标是否符合教学计划的规定、课时计划的目标是否符合大纲的规定进行判断。达成情况的评价是指在教学过程中进行的对阶段目标完成情况和教学结束后进行的对教学任务完成情况的评价，通过评定来准确地把握教学进程，并对教学的效果进行客观的估计。

2. 理论知识的评价

理论知识评价主要是通过考核来对学生掌握篮球理论的情况有所了解。一般来说，理论知识的评价往往采用口试、笔试和撰写论文的形式进行。

3. 技战术的评价

采用一定的方法对学生学习掌握篮球技术、战术情况进行评价，是篮球教学过程的一个重要环节。在课堂教学过程中和结束时进行的临场实践考试，技战术学习与掌握情况的信息是测评的主要内容。技术测量的内容包括技术达标和技术评价，其中，技术达标是指学生在学习后完成定量技术指标的能力，而技术评价则是指学生在学习后完成定性指标的能力。

除了上述三个方面的主要内容，篮球教学还有很多其他的内容，比如，篮球教学起始状态、篮球意识、篮球运动能力、裁判能力的测量与评定。不管进行何种内容的测量与评定，都必须采用与之相适应的方法，从而确保测量与评价的真实性。

（二）篮球教学评价的主要方法

在篮球教学的评价过程中，对不同的内容进行评价所采用的方法也会有所不同。下面笔者主要对理论知识与技战术的评价方法进行分析和阐述。

1. 理论知识评价的方法

（1）口试

口试的方法适用于各年级学生。一般来说，低年级往往采用课堂提问的形式，高年级采用的往往是专题答辩的形式。通过口试，能够对学生掌握篮球理论知识的广度和深度、分析和解决问题的能力及语言表达能力有一定的了解。

（2）笔试

笔试可以大致分为两种形式：一种是考核学生运用知识分析问题和解决问题的能力的开卷考试，其对于高年级学生的理论考核较为适用；一种是考核学生对记忆性篮球知识的掌握程度的闭卷考试，其对于低年级学生理论考核较为适用。

2. 技战术评价的方法

对篮球技战术进行评价的方法主要有两种，即定量指标和定性指标的测量，具体如下。

（1）定量指标的测量

可以用具体度量单位来衡量的指标，就是所谓的定量指标，比如，篮球教学中的跑动速度、跳起高度、命中次数等。具体要根据评价的目的来选用各类指标，如速度指标主要用于技术熟练性的测量；高度指标主要用于弹跳能力的测量；准确性指标则主要用于投篮和传球的测量。

（2）定性指标的测量

不能用具体计量单位来衡量而又必须测量的指标，就是所谓的定性指标。在篮球教学实践中大量采用定性评价指标，如各类篮球课程的考试、考核中采用的技术评定就属于定性指标。

第二节 青少年篮球训练理论

一、现代篮球训练的方法

（一）持续训练法

持续训练法，是指在相对较长的时间里，用较稳定的强度，无间歇地连续进行练习的方法。持续训练可以在一定时期内用相对稳定的练习强度进行练习，此后根据需要逐渐加量以使球员身体得到更进一步的发展。持续练习法在篮球训练中经常被用来提高球员的身体素质和技术巩固进阶。

（二）循环训练法

循环训练法，是指根据训练的具体任务，建立若干练习站（点），球员按照既定的顺序、路线，依次完成每站（点）的练习，周而复始地进行训练的方法。循环训练法的每一站都有预先确定的练习内容、要求和负荷参数，并且可结合其他训练方法形成不同的循环训练方案。循环训练法是一种练习的组织形式，是其他训练方法的一种综合运用形式。

（三）重复训练法

重复训练法，是指对某种动作采用同一运动负荷和相同间歇时间进行多次练习的训练方法。重复训练法的训练目的是增加球员运动负荷和巩固球员已掌握的技能。重复训练法在篮球训练中多用于练习技术动作，如投篮、运球和传球等。训练中对同种动作的重复次数可以直接影响机体功能和巩固机能的发展。重复次数的多少应依据学生所能承受的运动负荷量、负荷强度和完成动作所需的练习量等因素来进行确定。

（四）变换训练法

变换训练法，是指在变化的条件下进行有针对性的训练方法。变换训练中的"变换"是指的对训练的环境条件、速度、强调动作等进行适当的改变。千篇一律的训练主观、客观环境会让球员有疲劳感，如果适时对某一个或某几个环节进行适当的改变，会明显增加球员的新鲜感，这样对机体的影响也必然随之而产生变化。变换既可以是周期性活动的连续变换训练,也可以是非周期性的间歇变换训练。

（五）间歇训练法

间歇训练法,是指重复练习之间按严格规定的间歇时间休息后再进行练习的方法。训练中练习间歇时间的长短可以依据训练的目的、训练的强度、球员的训练水平和身体状况等来决定。

（六）比赛训练法

比赛训练法,是指通过组织比赛的方式达到提高和巩固训练效果的方法。长期的训练可能会使球员感到枯燥、单一,而参加比赛则会最大限度地调动学生的积极性,激发学生的斗志,培养学生为取得优秀成绩而积极向上、不畏艰难的优良品质。

由于篮球运动中的技战术打法非常多,所以所学技战术能否在比赛中得到良好的应用是训练的重要课题。因此,以赛带练的比赛训练法在篮球训练中是一种非常常见的训练方法。它的形式也是多种多样的,有教学比赛、检查比赛、测验性比赛等。但是在选择具体的比赛训练方法时,一定要以教学任务为根据,注意运动负荷的调节,严格按照既定的规则要求进行。

二、现代篮球训练计划的制订

（一）篮球多年训练计划的制订

篮球运动的多年训练计划也是整个篮球系统训练的总体规划。教练在制订多年训练计划时要根据球员的思想、身体条件、技术基础、战术基础及心理特征等的基本情况进行。在制订这一计划时要考虑到每名球员的个体差异。多年训练计划制订的目的是"从小培养,打好基础,系统训练,积极提高"。

1. 多年训练计划的内容

多年训练计划的主要内容包括以下几个方面。

（1）球员的身体素质、心理素质、思想意志、年龄、生理特点和球员基本技术情况的分析。

（2）训练目标和训练任务、比赛安排和成绩要求等。

（3）球员各阶段的训练任务、训练技术指标及主要措施。

（4）球员各阶段的测定和评价训练水平,选择全面考核的措施。

2. 多年训练计划的记录

篮球多年训练计划的记录方式可以选择用表格列出或用文字阐述。计划的记录应特别明确训练目的和训练任务,注意训练步骤与训练时间的安排要适当。除此之外,还要科学合理地安排各项训练指标、测验手段和训练负荷。制订训练计划过程中,应尽可能用数据或百分比标明相关项目,以此使得计划记录看起来更加直观、明晰。

（二）篮球全年训练计划的制订

1. 全年训练计划的任务

篮球全年训练的总任务应根据学生的基本情况,在总结上一学年训练的基础上提出对运动素质、技术、战术等各项训练指标和参赛成绩的更高要求,以及训练工作的检查、监督等措施以保证总目标的实现。

2. 全年训练计划的类型

（1）单周期计划

篮球单周期计划指按一个完整的大周期组织实施的全年训练,具体包含 1 个准备期、1 个比赛期和 1 个过渡期。

（2）双周期计划

篮球双周期计划指按两个完整的大周期组织实施的全年训练。篮球双周期实际上是由两个连接在一起的较短的单周期组成的,两个较短的单周期间有一个不长的减量和准备阶段。准备阶段大约可以用时两至三个月时间,在此阶段使球员总体竞技能力或竞技能力的某一个方面明显变化,并在一个半月至两个月的时间内,参加一系列比赛,使球员的竞技能力充分地表现出来,再加上半个月至一个月的减量或短时间的准备阶段,完成一个大周期的训练。这样一个大周期一共需要五个月至七个月。

（3）多周期计划

篮球多周期训练计划指按上述两种训练周期组织全年训练的计划。

多周期训练目标要求球员能在将近三个月的时间内,明显提高竞技能力,并能在比赛中充分表现出来。在制订高校篮球多周期训练计划时,要适时安排三次左右的教学赛以检验球员的训练水平。在这几场教学赛中,最重要的一场应安排在最后一个周期。

在全年训练计划的类型中,要针对不同的计划类型制订不同的训练任务(表3-4)。

表3-4 全年训练计划的类型及任务

训练计划类型		时间跨度	基本任务
年度训练计划	单周期	6~12月	准备并参加1次或1组重要比赛
	双周期	每个周期4~6个月	准备并参加2次或2组重要比赛
	多周期	各周期3~5个月	准备并参加3次或3组以上重要比赛

3.全年训练计划的周期

为了在篮球运动的全年训练计划中将训练安排得更加科学、严谨,可以按照准备期、比赛期和过渡期三个时期安排阶段训练计划。三个时期的训练任务具体如下:

(1)准备期。在这期间的主要任务是提高球员的技术、机能、素质、心理等方面的水平,最终达到竞技状态的初步形成。准备期分为两个阶段,即一般准备阶段(发展一般身体素质和掌握技术)和专门准备阶段(提高专项素质和技术)。

(2)比赛期。主要任务是发展专项素质,完善专项技术,提高比赛能力,形成和保持良好的竞技状态。

(3)过渡期。主要任务是消除比赛所积累的疲劳,促进机体恢复。采用负荷量较小的一般身体训练。

这三个时期在全年训练计划中组成了一个整体。它们之间既有区别又有联系。一般情况下,为保证整个训练都能严格按照程序监控条件进行,不会对个别时期的计划进行调整。如果由于某种原因必须要改变时,也要在保证尽量不破坏各个时期的主体任务的情况下进行。

(三)阶段训练计划的制订

篮球阶段训练计划的主要目的在于保证学期计划中各个时期的训练任务的完成。制订阶段训练计划可以衔接和及时调整各个时期的训练内容。在制订计划时,要明确具体而周密的训练任务、训练内容和运动训练负荷。更加清晰地将阶段训练计划表现出来,可以按照表3-5所示的格式,认真填写相应内容。

表3-5 阶段训练计划表

队 阶段训练计划 主教练：						
上阶段训练的基本情况分析						
本阶段任务与训练重点						
训练安排	类别		训练内容	训练方法	训练单元	比重(%)
	身体训练	一般				
		专业				
	技术					
	战术					
比赛安排	名称					
	名次指标					
训练负荷曲线	大 中 小 周 ——量 ------强度					
训练进度						
备注						
					年 月 日制定	

（四）周训练计划的制订

篮球周训练计划是具有一定的完整性和重复性的计划,在周计划中的绝大部分训练内容是由固定训练课次数组成。由于周期相对较短,所以与球员的训练关系密切。为了更好地达到训练效果,就需要对周训练计划进行科学的安排,即在不同时期和阶段,以及训练任务、要求、完成和恢复等不同的情况下,合理安排一周的技战术训练内容和负荷内容。

1.周训练计划的类型

在篮球周训练计划中,还可以根据不同时期安排不同类型的训练计划,具体分为基本周训练计划、赛前诱导周训练计划、比赛周训练计划和恢复周训练计划。这四种类型的周训练计划与篮球训练比赛的准备期、比赛期和过渡期的训练相对应。

2.周训练计划的任务

球员们要认真完成篮球周训练计划中制订的各项训练要求和任务。教练在制订完周训练计划后还要综合考虑训练的系统性和各训练周间的相互关系,以及在周训练计划中不同训练内容和不同训练负荷之间的合理搭配。这样考虑的目的在于更好地避免有难度的训练或负荷过于集中在某一时期,从而引起球员过度疲劳。

（1）基本周训练

基本周训练的目的在于通过训练负荷的增加致使球员形成对更强刺激的适应,以期稳步提高球员的篮球竞技水平。在基本训练周中可以根据需要适当增加强度和训练量。基本周训练类型是全年训练中采用最多的类型。

（2）赛前诱导周训练

赛前诱导周的训练目的是给球员的身体做好充足的准备以应对不久后到来的比赛,使其能把训练过程中所获得的各项竞技能力集中到专项上去,为比赛前的专门训练做准备。

（3）比赛周训练

比赛周训练的目的是使球员能够在赛前几天得到最后的调整训练时间,其目的在于巩固之前训练中的成果和良好状态,使其在参加比赛时达到最佳竞技状态。比赛周训练一般以比赛日为训练周的最后一天,向前数一个星期来计算训练时间。

（4）恢复周训练

恢复周的训练顾名思义就是为给参加比赛的球员一定时期的身体恢复准备的。在恢复周中会采用一些中低等强度的恢复性训练方法,使球员的身体得以逐渐恢复到正常状态,以此达到消除球员生理和心理上疲劳的目的。

3. 周训练计划的负荷安排

（1）基本周的负荷安排

基本周训练的主要任务是在科学合理的基础上逐渐加大球员训练强度和训练量。要想达成既定目标主要可以采用以下三种方法:

①在保证训练量不变或相应减弱的情况下提高训练强度。

②在保证训练强度不变或相应减少的情况下提高训练量。

③在训练量和训练强度都保持不变的情况下,通过负荷的累加效应给机体以更深刻的刺激。

（2）赛前诱导周的负荷安排

适当减少训练量,提高训练强度。如果原来量就不大,也可保持原来的训练量。避免同时增加训练量和强度。

（3）比赛周的负荷安排

负荷安排主要围绕着使球员身体在比赛时能处于最佳的状态来进

行。负荷的组合方式依据专项特点和运动员赛前的状态而定。一般来说，总的负荷水平不高。在比赛之前，为保证体能不被训练过度消耗，应保持或降低训练量和训练强度。

（4）恢复周的负荷安排

训练强度较之此前要有一定的降低，具体可为大幅度地减小或适当保持一定水平的训练量。

4.周训练计划的内容

（1）基本周训练内容

在基本周训练中，可以采取任何篮球训练方法，并合理交替保持系统的持续训练。为全面提高球员竞技能力，可以选择发展一般身体素质和专项素质的训练手段。在技术训练中，采用分解和完整技术练习相结合的方法，促进学生运动技能的不断改进。

（2）赛前诱导周训练内容

与基本训练周训练一样，但练习内容更加专项化，训练课的组织形式接近专项的比赛特点。一般身体训练的比例减少，专项身体训练的比例增加。在技术训练中，增加完整练习的比例，促进运动员专项竞技能力的有效发展。

（3）比赛周训练内容

主要是在赛前 1 ～ 3 天安排恢复性的中、低强度的一般或专项训练，在赛前 3 ～ 5 天安排高强度的专项训练，使球员能在比赛中充分发挥通过之前的艰苦训练所获得的竞技能力。

（4）恢复周训练内容

在恢复周的训练内容中以一些一般性的身体练习为主。其中，组织参与篮球游戏是非常好的项目，这可以更好地达到消除运动员生理和心理上疲劳的目的。

5.周训练计划的记录

为了较为清晰明确地知晓周训练计划中的内容，一般可以采用周训练计划表予以详细记录。记录格式可以参考表 3-6 中的样式。

表 3-6 周训练计划表

年 月 日至 年 月 日				
训练阶段 第 周 周的类型				
主要任务				
星期	主要任务	内容手段	负荷	恢复措施

续表

年 月 日至 年 月 日				
训练阶段 第 周 周的类型				
主要任务				
星期	主要任务	内容手段	负荷	恢复措施

篮球周训练计划与阶段训练计划、全年训练计划和多年训练计划相比具有更加灵活多变的特点。在篮球周训练计划的实施过程中,教练可以随时根据球员的训练情况及时调整计划,如对每周训练计划的任务、训练次数、训练时间、课程内容和运动负荷进行科学合理的安排。但总体训练任务和目标仍旧需要在阶段训练计划的框架内。

（五）课时训练计划的制订

1.课时训练计划的内容

课时训练计划是教师对每一堂训练课的具体教学情况的安排。课时训练计划中应当包括这次训练的任务、内容、方法与手段、具体内容所需的时间分配、各阶段的组织方法、训练课不同部分的内容与要求等。

2.课时训练计划的组成

课时训练计划通常会被分为准备部分、基本部分和结束部分三个部分。每个部分的作用如下。

（1）准备部分。准备部分中的内容一般为各种形式的准备活动。准备活动能充分调动身体,以使学生的身体从相对安静的状态转变到更适合运动的状态,这对减少学生运动性伤病的发生概率有着非常重要的意义。

（2）基本部分。基本部分就是训练课的主体部分,那些主要的训练内容和练习内容都安排在这个部分中,且过程中的运动负荷必须要达到一次或多次高峰。这是训练课的基本部分的特点。

（3）结束部分。结束部分中的各项活动的目的在于将学生的身体状态从相对兴奋中转入相对安静中,以使他们的身心得到一定的恢复,不影响他们的日常生活。同时,在结束部分中教师还要对训练课的过程进行讲评和总结,如此对日后训练课质量的提升和明确注意事项带来了帮助。

　　总的来看,课时训练计划中三部分的时间占比不同、训练的内容和任务、组织形式等方面也有一些区别,但他们彼此之间也是紧密联系的。为此,教师在制订课时训练计划时要关注到这些区别和联系,力争制订出科学合理的、更具成效的课时训练计划。课时训练计划的表格样式可参考表3-7。

表 3-7　课时训练计划表

日期:　　年　月　日　地点:				
课时任务:				
课的部分	时间	内容手段	组织形式	负荷要求
准备部分				
基本部分				
结束部分				
小结:				

（六）自我训练计划的制订

1. 一般训练计划的制订

　　学生对自我训练计划的制订要基于对自身情况的了解。这些自身情况包括自身的身体情况、学习能力、运动负荷承受量等。在客观了解到这些情况后,就可以尝试制订一个长期、连贯、逐层递进的训练计划。这个训练计划应分为如下四个阶段。

　　（1）基础训练阶段。在这一阶段中安排的训练内容主要为基础性较强的内容,如左右手运球练习、行进间传接球练习、原地投篮练习等。安排这类内容的目的在于维持学生的篮球手感,夯实基本功技术。

　　（2）组合训练阶段。在这一阶段中安排的训练内容主要为组合技术练习,或者是根据基础训练阶段中出现的问题进行修正。然后将两种或两种以上的技术进行组合练习,组合的方式为篮球实战中常见的组合技术套路。另外,这个组合技术的练习可根据学生的篮球位置而定,如中锋球员可将接球技术与转身跳投技术相结合练习;前锋球员可将移动中接球和急停跳投技术相结合练习;后卫球员可将突破技术和传球技术相结合练习等。

　　（3）适当增加对抗内容。篮球本就是一项对抗性十足的运动,这是由篮球运动的本质特点决定的。为此,在训练计划的制订中一定不能忽视对抗性元素,进而将含有对抗元素的训练内容加入其中,如可以给训练增加一两名防守人或干扰人来辅助训练。

（4）合理安排时间。训练计划中要关注对不同类型时间的安排。例如，每周进行训练的次数、每次训练的持续时间、不同训练内容所需的时间、休息时间等。

2.专项技能训练计划的制订

专项技能训练计划的制订需要囊括更多的内容。在选择训练方法时也要格外考究，力争做到身体与技术、技术与意识、技术与战术等多方面的结合。这一训练计划可根据不同时期的划分分为准备期、赛前期和比赛期三个阶段。

（1）准备期阶段。准备期的时间有 1 个月左右。这个时期的训练主要以体能恢复和储备为主。

（2）赛前期阶段。赛前期的时间大约持续 4 个月。这个时期的训练主要以大运动量训练为主，训练内容较为全面。

（3）比赛期阶段。比赛期的时间有 1 个月左右。这个时期的训练主要以教学比赛和训练赛为主，以检验此前在赛前期训练的各项成果。

第三节 青少年篮球教学训练原则

一、篮球运动的教学原则

篮球教学是在教师的指导下，向学生传授各种篮球知识与技能，以期全面提升学生篮球运动技能及其综合素质的教育活动。

为了更顺利地开展好篮球运动的教学工作，首先就要使教学秉承一定的原则，这些原则是经历了长期的篮球教学后总结出的规律和经验，它反映出的是众多篮球教学的一般规律与特点。篮球运动的教学原则既可以指导教师的教学活动，也可以指导学生的学习活动，因此不论是教学双方中的哪一方，在教学过程中都应始终遵循。

具体来看，常见的篮球运动教学原则主要有以下几个。

（一）积极性原则

秉承积极性原则的篮球教学要求教师在教学过程中除了传授知识和技能外，还要注重对学生学习积极性的激发。教师在教学中的主导地位使得启发和引导学生对学习产生积极性也是他们的职责。在篮球教学中，教师要运用设疑、联想、形象、对比等方法来启发学生的积极思维。并且由于其所教授的篮球运动是一项对动作操作思维、战术思维和快速反应能力要求很高的运动，所以在教学中也要注意提升学生在这些方面的能力。动机的形成首先是从兴趣开始的，学生对篮球产生了兴趣并不一定最终能转化为动机，有些兴趣是暂时的，要想将兴趣成功转化为动机，就需要教师有意识地引导和协助。如此更容易变学生的"要我学"为"我要学"，积极性更高的学习态度，自然更能提升篮球教学的质量。实际上，秉承积极性的教学原则是一种将学生置于教学主体地位的表现，这一直是近些年来我国开展的教育改革中所提倡的。

从心理学的角度上来看，学习效果在很大程度上与学生的学习动机有着较为紧密的关联。一旦学生没有一个端正、明确的学习动机，也就很难以积极的心态学习新东西，即便有些学生还算能接受一些，但这种状态也不会保持长久。这样看来，帮助学生明确学习目标和协助他们向这个目标前行就成了激发他们学习动机，提升学习积极性的关键。

只有建立一个平等和谐的师生关系，学生才能感受到是在一个良好的教学环境和氛围中进行学习的，如此才能说明篮球教育是成功的。学生在这种氛围下能够感受到被尊重、被关注，这会让他们对学习更加自信和乐观，展现出更多的求知欲，在教学过程中也敢于思考和大胆创新。

（二）循序渐进原则

篮球教学中所秉承的循序渐进原则，要求教学要按照一定的逻辑性进行，以使学生更容易接受所学的内容。一般来说，循序渐进表现为由简到繁、由易到难、由低到高、由少到多的顺序，如此才能实现学生对所学内容的逐渐掌握。

在篮球教学中遵循循序渐进原则的同时，还不能忽视教学内容选择上的关联度和系统性，以避免一味的注重教学内容的循序渐进而丢掉内容彼此间的关联逻辑，如此就得不偿失了。正确遵循循序渐进原则要求在内容选择上应符合教学大纲的要求，并在教学进度和课时计划上做足文章，如此使教学在符合基本的篮球运动培养规律之外，还能符合教学内容由易到难、由简到繁、由少到多的渐进规律。例如，在传授运球这一篮球运动的基本技术时，可先让学生自行体会原地运球的感觉，然后由教师做指导，待学生的原地运球技术娴熟后再指导移动运球的技术，待娴熟后再指导运球结合其他技术的方法。如此一来，原本最为基础的运球技术，在循序渐进的教学内容安排之后，就成了学生熟练掌握的单一技术，并且还能将其与其他技术结合使用。

另外，在篮球教学秉承循序渐进原则的同时，还要确保教学方法的系统性以及教学内容的完整性，特别是对众多技战术内容的教学，均要符合运动技术形成的阶段性特点。例如，在技术教学的初始阶段，教学方法应以讲解法和示范法为主，以使学生能尽快建立运动表象；技术教学中期阶段，应以练习法和纠错法为主，以使学生能将技术动作固定下来；技术教学后期阶段，应以比赛法为主，以使学生能将所学技术在实战中使用出来，并对其中可能出现的问题予以及时指导，从而不断完善技术动作直到运用自如。

这里需要特别指出教学所遵循的循序渐进原则中还包括运动负荷方面。凡是运动项目的训练都会出现疲劳的现象，这是非常正常的，疲劳对学生的技术形成是有很大意义的。超量恢复理论决定了疲劳是提升个体能力的必然经历，要想获得超量恢复的效果（运动能力或体能），就必须练习到身体出现疲劳状况。不过，疲劳的出现应在一定的度之内，不然过度的疲劳不仅不能提升个体的运动能力，反过来还可能会给身体带来伤害。因此，只有综合考虑多方面条件后制订出来的教学计划，才能符合学生切实的学习需求，教学任务才更容易高质量完成。

（三）直观性原则

直观性原则，是指教师在篮球教学过程中尽量多使用直观手段，以调动学生更多的感知觉以感受教学内容的原则。篮球作为一项实践性很强的运动学科，只有充分利用学生的感官和已有经验，才能更容易地使他们对运动产生直观的表象，此后才是将这些感觉与思维相结合，最终完全掌握各种篮球技能。

为了更好地在篮球教学中秉承直观性原则，教师首先要把握好教学内容的特点与教学目标，以及所教学生的实际情况，然后选择直观的教学方法来实现直观的教学。例如，当教学对象为初学篮球的学生时，过于详细的语言讲解就不如亲自做示范来得更直观，学生显然更容易从对动作的模仿中建立起技术表象；当教学对象为已经有了一定篮球运动基础的学生时，为了让学生深入了解某个动作的特点和应用时机，就可以用详细的语言讲解达到目标，此时的学生对这类语言的理解也并不困难。

为了最大化让学生获得直观感受，教学时应注意采用多样化的直观教学手段，以此调动学生的视觉、听觉、触觉、本体感觉等多种感觉。在现代，有高水平的视频技术可供篮球教学使用，高速摄像机拍下的运动员的动作可以非常慢速且清晰地反复回看，在这种情况下，任何技术细节都能一览无余,有助于使学生形成正确的表象,从而给篮球教学增加不少助力。

（四）实效性原则

篮球教学秉承实效性原则,是要求从教学的实际效果出发来开展教学活动。为了获得好的教学效果,首先教学活动要实事求是,以学生的实际情况、教学目标和教学中的实际问题为基础制订教学计划,并将问题解决的着眼点放在教学的重点难点上。不仅如此,教学还要做到通俗易懂、组织简便,具有灵活性和可操作性。在如此教学下,学生不仅能按部就班地掌握知识和技能,还能提升多种身体素质,可谓教学成效显著。

在篮球教学中秉承实效性原则,实际上是唯物辩证法指导实践的一大体现。一切唯成效论,将关注点放在教学的成效上,而不是追求教学活动的表面形式。为此,就要抓住篮球教学的本质,准确把握教学内容,深入分析技战术内涵,优先解决重点难点问题。例如,在运球突破技术的教学中,要想让学生尽快领会到技术精髓,除了要让他们在动作表象上做好模仿,更应将突破技术中的身体重心变换和身体平衡的维持等精髓传授给他们。当理解了这些信息后,学生就能将突破技术完成得更好,技术掌握上也更为扎实,如此也就获得了更好的教学实效。

要想保持篮球教学的实效性,就需要教师不能安于现状,不思进取,而是要经常反思教学,努力发现其中的问题和可以有所改善的地方,抑或是根据学生的实际情况相应地改变教学方法。当教学不断被优化时,教学的实效性才能保持下去,甚至获得提高。

（五）综合性原则

篮球运动的诸多特点和技能形成规律决定了其教学活动要秉承综合性原则。如此来看,秉承综合性原则,就是要求教学活动的开展要始终围绕篮球运动的诸多特点来进行。为此,在开展教学时应做到如下几点。

（1）教学内容要尽量做到综合选择,即综合安理论知识与实践技能,综合安排单项技术与组合技术,综合安排大强度内容与小强度内容等。另外,还要提高技术的综合运用能力,使技术不论是在何种场合下都能运用自如,获得理想的运用效果。

（2）教学方法和教学组织要做到综合运用。没有一种教学方法和组织形式可供所有情形的教学使用,只有综合几种针对性较强的教学方法和组织形式的教学,才能利于学生学习兴趣的养成及学习成效的提升。

（3）篮球运动实践性较强和充满对抗性的特点，决定了教学中应注重理论与实践相结合，并在进行技战术内容的教学时还要注意与实战相结合，模仿实战的对抗效果，将"练为战，不为看"的理念深入教学活动中。

（4）选择多样化的教学手段进行教学，特别是要突出现代信息技术在运动教学上的优势，使学生能更加形象生动地掌握动作方法，从而提高他们的篮球技能综合应用水平。

（六）对抗性原则

在篮球教学中秉承对抗性原则是篮球运动自身对抗性特点的必然要求。篮球运动中充满了对抗，场上双方进攻和防守两端的对抗是贯穿全场的。不仅如此，过程中还有个人一对一的对抗，团队整体的对抗。在对抗层面上，有技战术层面的对抗、心理层面的对抗、智力层面的对抗及意志品质层面的对抗。种种这些对抗最终构成了篮球运动的核心。也正是基于众多层面的对抗，使得这项运动魅力无穷，深受人们的喜爱和热情参与。

为了在教学中更好地贯彻对抗性原则，就需要认真研究蕴含在对抗中的矛盾问题。以进攻和防守这对篮球运动中的主要矛盾来说，进攻与防守是彼此制约的，二者存在于一个统一体里，有着辩证统一的关系。这就要求教学活动在制定教学进度时要恰当处理进攻和防守的关系，特别是在技战术内容的教学中不要将进攻和防守完全分割开来学习。在做教学设计时就要注重进攻与防守的内容成对出现，如在指导投篮技术之后，就可安排干扰和封盖技术的学习；在指导区域联防战术之后，就可安排进攻区域联防的战术。如此一来，即可实现用防守制约进攻，用进攻提高防守，两者互相克制，达到事半功倍的教学效果。再有，要有意识地提高攻守对抗的强度，要经常性地在技战术训练中半模拟或全模拟实战对抗的场景，只有如此才能从根本上提高篮球教学质量。

二、篮球运动的训练原则

（一）周期性原则

包括篮球运动在内的几乎所有体育运动项目的训练都要秉承周期性原则。篮球运动训练的周期性原则要求运动员在一个周期的训练中以重复循环的方式进行练习，下一个循环建立在前一个循环的基础上，如此形成一个循环往复、不断提高的训练过程。在实际训练中，水平越高的篮球运动者越需要通过周期性的训练来保持和提升状态。为此，他们每天都要参加致力于多种能力提升的训练活动。对他们来说，如果几天没有参加训练，就会出现状态下滑的情况，一两周没有参加系统训练会使身体机能和运动感觉大幅下降，而要想恢复到原先状态则需要付出更多的时间和汗水。

（二）合理安排训练负荷原则

要想使篮球运动训练获得满意效果，制订合理的训练负荷是至关重要的，其意义在于使球员身体能够得到不断的刺激，以及借助超量恢复的规律来实现竞技水平的逐步提升。

训练负荷安排得是否合理是判断一名教练员或教师篮球训练能力的标准。对训练负荷的制订要参考训练任务、训练对象能力和训练要求等要素，之后再经过一系列科学论证后予以确定。当训练负荷确定后，随着训练的进行还应做出适当调整，至于是增是减，则需要视运动员的实际接受程度而定。总的来说，整个训练的负荷变化流程应为一个循环往复的"增加→适应→再增加→再适应"的过程。

（三）全队训练与个人训练相结合原则

全队训练是由教练员统一指导的，以全队技战术、教学比赛为主要内容的训练形式。全队训练的目的在于提升球队整体技战术的运用能力及全方位的对抗能力。个人训练则是球员针对个人技术的提升进行的独自进行或有人辅助的练习，练习内容因人而异，主要为夯实基本技术，弥补短板技术及突出特长技术。

篮球运动是由个人组成的球队之间的较量，其间既有团队的对抗，也有个人的对抗。这就使得在训练中应将全队训练与个人训练相结合进行，如此可更加直观地看到个人能力的提升对球队整体能力的提升带来的成果。反过来，通过全队训练，也可以发现个人技战术中存在的不足，然后着手对问题进行解决，从而使个人和全队的能力获得共同提升。

（四）训练与比赛相结合原则

"练为战，不为看"，篮球运动训练的最终目的是能在比赛中展现训练成果，训练为的是获得更好的比赛成绩。因此，教练员在训练中就要注重将训练与比赛相结合，将比赛氛围或条件植入训练之中，让运动员在训练中也能潜移默化地被感染。此外，在训练了一段时间后，组织开展教学比赛也是检验此前训练成果的好方法。教学比赛的组织实际上是一种以赛带练的训练形式,教学赛的结果并不重要,重要的是通过这种方式来发现日常训练中可能隐藏较深的问题。

总的来说,创造条件、改变条件、变换环境、增强实力始终是训练的几项任务,而以比赛的形式让球员获得实战经验、提高技战术的运用能力也是球员能力提升的关键一环。

第四章　青少年篮球技术教学与训练

技术是篮球运动的重要组成部分,是运动实践的重要内容之一,在篮球运动中,技术的熟练掌握程度和运用水平,在一定程度上决定着篮球运动的整体水平和比赛的胜负。对于青少年篮球来说,技术是需要学习和掌握的基础性实践技能,需要经过长期的训练,以此来为战术的学习奠定基础。本章主要对青少年篮球技术教学与训练的任务、内容以及原则和方法进行分析和阐述,由此,保证青少年篮球技术教学与训练的正确方向,为其具体的教学与训练提供必要的理论与实践指导。

第一节　青少年篮球技术教学与训练的任务

从世界范围来说,篮球运动在之前就对其特点进行了总结和归纳,主要表现为:智、高、快、准、狠、变,经过多年的发展、演变,这些能够将其内涵反映出来的特点逐渐得到丰富和充实,可以归纳为积极主动、快速机敏、身高体壮、凶悍顽强、全面准确和不同流派、风格及多种多样的打法等,这也反映了篮球运动的创新与发展,折射出了未来的发展走向。青少年篮球作为篮球运动的一个重要组成部分,其总的发展趋势与世界篮球运动的发展趋势是一致的,这一原则和要求对于青少年篮球的教学与训练亦是如此。具体来说,青少年篮球教学与训练的开展,需要树立正确的指导思想,这是首要条件,在此基础上,可以建立坚实的理论基础,再加上适宜的方法和手段的运用,循序渐进,积极贯彻并落实从难、从严、从实战出发的原则,科学组织大运动量的举措。

我国的篮球运动在教学与训练方法都累积了一定的成功经验,这是要继承和发扬的,与此同时,对于国外的先进技术与训练方法,需要在充分考虑我国的实际情况的基础上,进行甄别、学习和借鉴,经过发展和创新,把思想、身体、意识、技术、战术、训练与比赛紧密地结合起来。

教师和教练员是青少年篮球技术教学与训练的直接实施者,对于青少年有积极的指导作用,保证青少年篮球技术的学习与练习;与此同时,教师和教练员还要根据青少年学生的专项技术水平,来组织相应的训练和比赛活动,使青少年学生的专门动作技能得以熟练掌握和完善,并且使他们能够在比赛中,将所掌握的技术水平充分发挥出来,取得理想的比赛效果。

青少年篮球技术教学与训练,是一种活动形式,这种与篮球相关的活动形式的开展,一定要与篮球发展规律相适应,与此同时,还要遵循运动的基本规律,比如,人体生理机能或能力变化方面的规律,再进一步讲,包括人体机能适应性规律,以及涉及动作技能方面的动作技能形成的规律等,这些规律的遵循,能够有效保障技术的学习和提升。要强调的是,在整个教学和训练的过程中,教学都贯穿始终,不管在什么时候,都能看到教学的因素。在教学过程中,动作方法和运用的信息接收与反馈,包含多种多样的内容,比如,技术模型方面信息的接收、动作表象的形成、动作概念的建立、动作指令的确定与发出、在练习中完成动作、动作的反馈及调整等。

经过学习之后,青少年对篮球运动的相关理论知识已经有所了解,在熟练掌握篮球技术动作之后,建立了良好的动作表象,在此基础上,青少年还要对相关的理论知识加以运用。需要强调的是,动作概念的建立基础为动作表象,然后使动作属性得到进一步的抽象和概括,这方面的记忆有所缺失,那么,要想再对动作技能加以掌握,几乎是不可能实现的。

人脑对客观事物本质特性的反映,就是所谓的思维能力,思维能力所涉及的范围较为广泛,我们平时所说的分析、抽象、综合、比较、概括等,都属于思维能力的范畴。思维能力在日常生活中和在特定的活动中所产生的作用非常显著,这也包含青少年篮球技术动作技能的形成这一特殊活动。鉴于此,教师和教练员要注意在青少年篮球技术教学和训练过程中,重点培养青少年的认知能力,并使其得到显著发展。

关于青少年篮球技术教学与训练的任务,通过归纳和总结,主要有以下几点。

(1)积极学习篮球技术的理论知识,并且能够熟练掌握,通过科学合理的训练,有效提升自身的分析能力,进而为其技术的改进、完善和创新起到促进作用。

(2)对青少年学生或运动员在比赛条件下应答各种变化并合理运用技术的能力进行有效锻炼和提升。

(3)青少年学生或运动员能够逐渐将已掌握的技术动作进行各种不同组合,使其形成相应的进攻技术与防守技术,并保证其实用性。

（4）使青少年学生或运动员所掌握的篮球基本技术动作必须是全面的、正确的，同时，还要保证其规范性、熟练性。

（5）首先对青少年的个人特点加以分析，然后以此为依据，保证其全面发展，在此基础上，各自形成特长技术。

第二节　青少年篮球技术教学与训练的内容

一、移动技术

（一）准备姿势

准备姿势是队员在场上所采用的屈膝降重心的攻防准备动作。具体做法是屈膝开立，两眼注视场上情况，手脚配合控制身体的平衡。

（二）起动

起动时，降低重心，上体前倾，两臂屈肘自然垂于体侧，后脚或异侧脚的前脚掌用力蹬地，快速摆臂起动（如图4-1所示）。

图4-1

（三）跑

篮球运动中的跑有很多种，下面主要介绍侧身跑、变速跑、变向跑和后退跑。

1. 侧身跑

侧身跑时，脚尖对准跑动方向，头和上体转向球的方向，以便观察场上情况。

2.变速跑

变速跑是利用速度变化完成攻守任务的一种方法。

3.变向跑

变向跑是利用方向的变化完成攻守任务的一种方法。以从右向左变向为例,运动员应在最后一步时用右脚前脚掌内侧用力蹬地,同时脚尖稍内扣,迅速屈膝,腰部随之左转,上体向左前倾,移重心,左脚向左前方跨出,然后加速前进(如图4-2所示)。

图 4-2

4.后退跑

后退跑时,用两脚的前脚掌交替蹬地向后跑动,同时上体放松挺直,两臂屈肘配合摆动,保持身体平衡,两眼平视,对场上情况进行观察。

(四)跳

1.双脚跳

两脚开立,与肩同宽,屈膝降重心。起跳时,两脚用力蹬地,两臂用力上摆,使身体腾起在空中,并保持平衡伸展。落地时,屈膝缓冲,控制身体重心,快速地和其他动作衔接起来。

2.单脚跳

起跳时,起跳腿迅速屈膝,脚跟积极着地迅速过渡到前脚掌用力蹬地,同时,腰胯用力上提,两臂用力上摆,另一腿屈膝上抬,加快起跳速度。当身体腾起到空中高点时,两腿自然伸直并拢,身体伸展。落地时双腿屈膝缓冲,控制好身体,使身体保持平衡。

(五)急停

1.跨步急停

快速移动中的急停,首先跨出一大步,上体稍后仰,减缓前冲力;然后跨第二步,在保持身体平衡的情况下,用前脚掌内侧着地,脚尖内扣,身体侧转微前倾,两臂自然弯曲,微张(如图4-3所示)。

图 4-3

2. 跳步急停

运动员在中速和慢速移动中,用单脚或双脚起跳,上体稍后仰,两脚同时落地,前脚掌用力抵地,屈膝降重心,两臂屈肘微张,保持好身体平衡(如图4-4所示)。

图 4-4

(六)转身

1. 前转身

以右脚为中枢脚为例。转身时,移动脚向中枢脚前方跨出的同时,重心移至中枢脚,并以中枢脚前脚掌为轴用力碾地,肩部、腹部积极向转动方向扭转带动整个上体的转动。转身后,屈膝降重心,控制身体平衡。

2. 后转身

以左脚为中枢脚为例,准备转身时,移动脚向中枢脚后方撤步,重心移至中枢脚,并以中枢脚前脚掌为轴用力碾地,同时身体重心后移,上体和腹部向转身方向扭转,控制身体平衡。

（七）步法

篮球运动中的步法包括跨步、滑步、后撤步、绕前步、攻击步等，下面主要介绍跨步和滑步。

1. 跨步

异侧步跨步：两腿弯曲，左脚为轴用力碾地，右脚用力蹬地向左侧前方跨出一步，落地时，脚尖向前，重心前移至左脚，上体稍左转，右肩前探，对准移动方向。

同侧步跨步：两腿弯曲，左脚为轴蹬地，右脚向右前方跨出，重心前移至右脚，脚尖向前，上体稍向右转。

2. 滑步

（1）前滑步

两脚前后开立，前脚向前跨出一小步，同时后脚前脚掌内侧用力蹬地向前滑动，并保持身体前后开立的低重心姿势。

（2）后滑步

与前滑步相同，方向相反。

（3）侧横滑步

身体重心要保持水平，不要上下起伏，要随时调整重心，使身体保持平衡。动作结束时，恢复原来的身体姿势，并以攻守情况为依据，迅速转换到下一个动作（如图4-5所示）。

图 4-5

二、运球技术

运球是指持球者在原地或者移动中用单手不断拍球，使球通过地面的反弹力弹回球员手中的连续过程。在篮球比赛中，运球是控制、支配球权，组织全队进攻，突破对手防线的必要技术。

基本的运球技术包括高运球、低运球、胯下运球、运球转身、背后运球、运球急停急起和体前变向运球等。这里主要介绍前几种。

（一）高运球

高运球时，微屈两腿，稍向前倾斜上体，两眼注视前方，将肘关节作为弯曲轴，自然伸屈前臂，用手腕与手指在球的后上方按拍，拍按时动作要柔和而有力。球的落点控制在运球手臂的同侧脚的外侧前方，这样球的反弹就会在胸腹之间。在高运球时，运动员推按球要用力，手脚配合要具有一定的协调性（如图 4-6 所示）。

图 4-6

（二）低运球

运球时，两腿应迅速弯曲，重心下降，上体前倾，球的落点在体侧，用上体和腿保护球，同时，用手腕和手指短促地按拍球的后上方，使球控制在膝关节的高度。在低运球时，运动员的重心要有所降低，目视前方，并保护好球（如图 4-7 所示）。

图 4-7

（三）胯下运球

以右手运球为例。变向时，左脚在前，右手拍按球的右侧上方，将球从两腿之间运至身体左侧，然后上右脚，换手运球，加速前进。运动员进行胯下运球时，球的击地点和动作的连贯性、协调性是非常重要的，要加以注意。

（四）运球转身

以右手为例，当对手堵截右路时，迅速上左脚，微屈膝，重心移至左脚，并以左脚前脚掌为轴做后转身，右手将球拉至身体的后侧方，并按拍球落在身体的外侧方，然后换左手运球，加速超越防守（如图4-8所示）。

图4-8

（五）背后运球

当防守者堵截运球一侧，且距离较近，无法采用体前变向运球时，可采用从背后突然改变运球方向突破防守的运球方法，即背后运球。以右手运球为例，当球运至防守者左侧时，右脚在前，右手将球拉到身体右侧后，迅速转腕按拍球的右后方。在左脚上步的同时，将球从身后拍至左侧前方，换左手加速运球超越对手。

（六）运球急停急起

在快速运球中突然急停时，采用两步急停，使身体重心降低，手按拍球的前上部，使球停止向前运行。运球急起时，用力后蹬两脚，快速向前倾斜上体，起动要快速，同时，在球的后上部按拍球，人与球一起迅速向前走。在运球急停急起时，运动员应降低重心，合理控制球，上体前倾（如图4-9所示）。

图 4-9

三、传接球技术

传、接球技术是指进攻队员之间有针对性地转移球和支配球的方法。传、接球的质量会对球队整体的战术执行产生决定性作用，能进一步影响全队的节奏与效率，甚至会对比赛的最终结果产生影响。

（一）传球技术

传球分双手和单手两类，有原地、行进间和跳起传球之分，又有前后、左右、上下出球方向的不同。虽然传球的方式很多，但不管是哪种方式，都要全身协调用力，最后通过手腕、手指动作来完成。特别是运用最多的中、近距离传球，主要靠前臂的伸、摆和手腕、手指的用力将球传出。腕、指用力是传球中最主要的动作。传球手法是指球出手的瞬间，手腕、手指对球的飞行方向、速度、路线等的控制，也就是手腕翻转、前屈和拨指的用力方法。下面介绍三种常见的传球方法。

1. 单手肩上传球

单手肩上传球是指传球前单手持球于肩上，出手时单手将球传出的一种传球方法，是传球中最基本的传球方法之一。这种方法比较适合力量大、远距离的传球，在抢到后场篮板球发动长传快攻时经常使用。这种传球方式重点在于肩关节充分外展，传球时，肘关节领先，挥臂扣腕动作要连贯（如图 4-10 所示）。

2. 双手头上传球

双手手指尖朝上，从球侧面持球于头顶，肘部微屈，向传球方向跨步同时手腕后转，球移至脑后，将球向前抛出，手腕下转发力，做好随球动作。

图 4-10

3. 双手胸前传球

传球前,双手持球于胸腹间,两肘自然弯曲于体侧,呈基本站姿,眼要与传球的目标方向平视。传球时,猛蹬后脚发力,前移重心,前伸两臂,旋转两手腕朝向内侧,用力下压拇指,迅速用食指与中指拨球,快速传球(如图 4-11 所示)。

图 4-11

(二)接球技术

接球有单手和双手接球两种,不论哪一种,接球时眼睛要注视来球,肩臂都要放松,手臂要伸出迎接,手指自然分开。当手指触及球的一瞬间,要及时屈肘,手臂后引,以便缓冲来球的力量。要把接球技术完成好,必须重点掌握迎球、缓冲、衔接三个环节。

1. 单手接球

以右手接球为例。右脚向来球方向迈出,接球时微屈右臂,手掌保持勺形姿势,自然分开手指,右臂向来球的方向伸出。当手指与球接触后,手臂顺势将球往后下引,左手立即握球,双手将球握于胸腹之间,保持基本持球姿势(如图 4-12 所示)。

图 4-12

2. 双手接球

接球前,目视来球方向,自然分开手指,保持两拇指呈"八"字形姿势,两手保持半圆形动作。接来球前,伸展双臂主动迎球,放松肩、臂、腕和指。双手接球时,先用指端与球接触,同时随球后引两臂,目的是缓冲来球的力量,准备做下一步的动作(如图 4-13 所示)。

图 4-13

四、持球突破技术

持球突破是运动员在有球状态下通过脚步移动、运球等技术的组合运用,突破对方防守的进攻技术。持球的主要环节是蹬跨、转体探肩、推按球和加速。下面主要介绍两种原地持球突破技术。

(一)原地持球交叉步突破

以右脚做中枢脚从防守队员右侧突破为例。两脚左右开立,两膝微屈,降低身体的重心,持球于胸腹之间。进行突破时,右脚向右侧前方迈出一小步,将防守者引向自己右侧的同时,用右脚前掌内侧快速蹬地,向左侧前方跨出一大步,上体稍微向左转,右肩向前下压,身体的重心向左前方移动,将球推引到身体的左侧,用左手推按球于右脚左侧前方,接着左脚蹬地加速超越对手(如图 4-14 所示)。

图 4-14

（二）原地持球同侧步突破

以左脚为中枢脚为例。准备姿势和突破前的动作要求同交叉步一样。突破时,向右前方将右脚跨出一步,身体向右转并探肩,前移重心,用右手运球,迅速将左脚前脚掌蹬地,并向右前方跨出左脚,突破防守(如图 4-15 所示)。

图 4-15

五、投篮技术

篮球运动中,进攻一方将球扔出,使球从篮圈上方掉入篮筐的一切动作方法都可称之为投篮。投篮是得分的唯一手段,所以投篮技术是篮球技术训练的核心内容。投篮的动作方法有很多,可分为单手投篮和双手投篮,原地投篮和急行跳投等技术,下面主要对其中的一些常见的投篮动作方法进行介绍。

（一）单手投篮

1. 原地单手肩上投篮

以右手投篮为例,双脚开立,两膝稍屈,重心落在双脚之间;躯干稍前倾,右手腕外翻,将球托至右肩前上方。手指自然张开,使掌心空出,球的重心落在中指与食指之间。右手在左手的协助下握住球的侧下部,右肘自然下垂,放松手腕。两脚蹬地,右臂前伸,手腕前压,手指将球拨出,用柔和的力气将球投出。出手后,手腕自然放松,手指在惯性下自然下落（如图 4-16 所示）。

图 4-16

2. 原地跳起单手肩上投篮

以右手为例,双手持球于胸腹之间,两脚开立,膝盖微屈,重心放在两脚之间,躯干自然挺直,目光注视篮筐。起跳,前脚掌发力蹬地,举球手迅速向上摆臂并跳起,将球举于肩或头上,左手扶球以对球进行保护。当身体跳至最高点或接近最高点时,左手松开,右臂向前上方伸展,用力压腕,以食指、中指拨球,通过指端将球投出（如图 4-17 所示）。

图 4-17

3. 行进间单手肩上投篮

在快速运球或跑动中,右脚向前跨出一大步的同时接球,左脚迅速跟上跨出一小步,同时用全脚掌着地,迅速过渡到前脚掌起跳,右脚屈膝上抬,两手持球上举至肩上头侧,当身体上升接近最高点时,右臂柔和向上伸展,手腕稍前屈,食、中指用力拨球,将球投出(如图 4-18 所示)。

图 4-18

4. 行进间单手低手投篮

以右手投篮为例,右脚跨出一大步,双手同时将球接住,用身体护住球。左脚跨出一小步,身体制动后用力起跳,在空中展开身体,右臂伸直向篮筐方向把球举起,当球接近篮筐时,用向上挑腕和以食指、中指拨球动作将球投入篮筐。

(二)双手投篮

双手投篮主要对原地双手胸前投篮进行介绍。

两脚或左右站立或前后站立,双腿微屈,前脚掌落地,躯干前倾;目光瞄准篮筐,手指自然张开,放在球两侧稍后的部位,两拇指呈八字形相对,掌指关节以上部位接触球,持球于胸前。双脚蹬地,身体前倾,手臂向上伸出,两手拇指用力向前推送球,手腕外翻,使球从拇指、食指、中指的指尖投出。

六、防守技术

防守技术是指防守队员为阻挠和破坏对手进攻、合理利用脚步移动、手臂动作和身体优势,积极抢占有利位置以达到控球目的所采用的各种专门动作的总称。个人防守技术是全队防守的基础,防守战术体系的形成,需要有个人防守作保证。

为防守对手而采用的移动步法,是防守技术的基础。一般情况下,防守过程中为保持身体平衡,便于向各个方向移动,以及与其他脚步动作相结合,多采用滑步为主,配合其他脚步移动步法。

防守技术是一项综合的技术动作,具体可以分为防守无球队员和防守有球队员两种。

(一)防无球队员技术

1. 防接球

防守无球队员的关键在于不让其顺利接球。

一方面,防守队员必须极力限制自己盯防队员的接球,尤其不能让其在限制区内轻松接球;另一方面,当对方接球队员位置不好,不容易接球时,防守者要主动贴身围堵,不让对手把球顺利传给接球队员。

防接球时,防守要点是"人球兼顾",作为防守队员来说,要让自己的盯防对象和球都尽量控制在自己的视线范围之内,同时保持准确的防守姿势,降低重心,做好启动与移动步法的连接,控制身体平衡,站在盯防对象与球之间偏向对手一侧的断球路线上,伸出手臂,形成"球—我—他"的钝角三角形的落位。

2. 防切入

防守切入队员,切忌"只看球不看人",防守要点是"人球兼顾、防人为主",防守队员不让球和盯防对象远离自己视线。如果盯防对象有切入的意图,防守者要采取顶挤、抢前等方法阻止其切入,通过身体对抗来减缓对方的移动速度,同时还能挫败对方的士气。如果对方向迎球方向切入,就要适当进行补位,及时堵住防守缺口,背对球方向堵住后方,切断切入队员的移动路线。如果进攻队员切入后没有顺利接球,证明防守是成功的。

3.防摆脱

通常,进攻方在后场摆脱主要是为了顺利接球,从而持球组织进攻。所以从防守者的角度来说,可以采取紧逼战术主动追防,注意观察传向自己方向的球,堵截对方的移动路线。在比赛中,要完全封锁进攻队员的行动是非常困难的,所以防摆脱的中心在于抢占有利位置。

(二)防有球队员技术

1.防运球

防运球过程中,防守队员进行阻堵时,要位于进攻队员的前面一步左右的位置,迫使其改变运球方向。当进攻队员利用变速变向、急起急停等方法来摆脱防守时,在其变换动作时防守队员应及时抢前向后移动,占据好有利位置,并控制好身体平衡,迅速地变换步法继续进行阻截。防运球主要是堵中间,迫使运球队员向角、边移动,注意变换步法抢先向运球方向滑动,主要突出防守的策略和要领。

2.防传球

防守队员在进攻队员接到球之后,积极阻挠对手传球,要选择正确合理的防守位置,防守队员要将自己的身体重心调整好,眼注视球,判断对手的传球目的,判断依据是对手的位置、视线与动作,防守队员要通过干扰与封堵进行防守,具体方式是挥动手臂。

3.防投篮

在对手掌控球后,防守队员要时刻保持警惕。斜步防守贴近对手是防守队员主要采取的防投篮手段,挥动手臂对其进行干扰,使其放弃投篮。与此同时,另一手臂要向侧方伸直,对对手的传球造成一定的阻碍作用。防守队员要对对手是否投篮做出正确判断,注意其假动作。防投篮主要包括对手运球到达投篮范围,需要注意对手的眼神、重心的变换,进而判断对手的进攻意图,干扰其投篮,当对手选择投篮时合理应对。

4.防突破

（1）防守背对篮筐突破的持球队员

当盯防对象离篮筐较近,背向或者侧向球的情况时,防守者处于"你—我—篮"的有利位置。

进攻队员接球后,如果双脚前后站立,后脚能够做中枢脚转身突破,就要对其转身一侧进行限制,与对方同侧的脚向后撤半步,手臂侧伸,另一手臂锁住对手一侧;当对方变向准备突破时,防守队员随之向后撤,向前逼抢,侧跨步阻拦。

进攻队员接球时如果两脚平行站立,就要结合持球者距离篮筐的位置采取相应的防守策略。离篮筐较近时以防投篮为主,离篮筐较远时以防突破为主。保持适当距离,逼得不要太狠,以免造成犯规。

（2）防守面向篮筐的持球队员

选择适当的位置对防守面向篮筐的持球队员来说十分重要。防守队员根据进攻队员的接球位置、距离篮筐的距离、位置角度、来球方向及同伴的防守位置等情况,采取"堵强放弱"的策略,放一边,保一边,迫使对方调整位置,变换突破方向,降低速度,从而有利于本方通过撤步或者滑步来限制进攻队员的持球。

七、抢篮板球技术

抢篮板球技术是指在空中拼抢投篮不中的球的技术动作。在比赛中,抢篮板球是攻守转换的关键。抢得篮板球是获得控球权的重要手段,是增加进攻次数,创造得分机会,提高攻守速度的重要保障,抢篮板球能力的强弱,抢得篮板球次数的多少,甚至决定着比赛的胜负。抢篮板球是一项复杂的综合性技术,主要包括观察判断、抢占位置、起跳动作、空中抢球动作和得球后的动作几个环节。抢篮板球技术具体包括抢防守篮板球与抢进攻篮板球两种。

（一）抢防守篮板球

处于篮下防守,当进攻队员投篮时,根据对手的移动情况和位置,运用上步、撤步和转身等动作把进攻队员挡在身后,并抢占有利位置。在篮下抢位挡人时,一般采用后转身挡人,降低重心,两肘外展,抢占空间面积,保持最有利的起跳姿势。

对于处于外围的防守队员抢篮板球,当进攻队员投篮、防守队员面向对手时应观察判断对手,通过采用合理动作阻止对手向篮下移动,并抢占有利的位置。判断球的落点,起跳进行抢球时,向上摆动两臂,同时,将两脚的前脚掌用力蹬地,尽力向球的方向伸展身体和手臂,身体和手臂伸展到最高点时,积极抢球。抢到球后,根据比赛情况快速传球,给一传发动快攻,运球或者突破(如图 4-19 所示)。

图 4-19

（二）抢进攻篮板球

处于篮下或内线队员抢进攻篮板球，当同伴或自己投篮时，靠近篮下的队员要及时判断球反弹的方向，同时以假动作绕跨挤到对方的身前，利用跨步或助跑起跳，跳到最高点进行补篮或直接获取篮板球。

对于处在外线位置的队员抢篮板球，当同伴投篮时，如进攻队员面向球篮，则首先要观察判断球的反弹方向、速度和落点后，突然起动冲向球的反弹方向进行补篮或抢获篮板球。以从左侧冲抢为例，进攻队员面向球篮时，右脚向右侧跨步做向右侧的假动作，随后以左脚为支撑脚，右脚向左跨出一小步，重心移至左脚，右脚立即向前跨步绕前，挤靠防守对手，从而跳起抢篮板球或进行补篮。因此，准确判断进攻时间，绕步冲阻，并及时起跳，以补篮或组织第二次进攻是进攻队员需要注意的方面（如图4-20所示）。

图 4-20

第三节 青少年篮球技术教学训练的原则与方法

一、青少年篮球技战术教学训练的原则

（一）引进教学训练负荷的原则

篮球技术的教学训练负荷指的是青少年在篮球技术技能的学习与掌握过程中，机体所承受的负荷刺激。负荷具有以下几方面的特点。

（1）篮球技术的教学训练负荷属于技能性负荷。

（2）在确定篮球技术教学训练的负荷时，有两方面的依据，其一是相应的技术动作的复杂性,其二是青少年的技能基础。

(3)对于青少年而言,其篮球技术教学训练的负荷水平一般相对较小,为中等偏下水平。

(4)篮球技术教学训练负荷的构成特点是强度和量均处于中等偏小且较稳定。

在篮球技术教学训练过程中,应注重负荷对青少年的良好刺激和促进作用。如果青少年的篮球技术不强,则在竞争和对抗强度较大的实际运动过程中,其很难发挥出相应的篮球运动水平。因此,应注重负荷的安排,促进青少年各项技术的全面、熟练掌握。

(二)强调篮球基本功训练的原则

在篮球技术教学训练过程中,应注重篮球基本功的教学训练。所谓篮球基本功是指在学习各项篮球技术之前,青少年必须掌握的一些重要的专项基本。

总而言之,篮球技术的基本能力是篮球技术学习的基本起点,如果能够掌握并练好这些基本功,对于其篮球技术的学习和掌握具有重要的意义。

(三)强调基本动作准确性的原则

篮球运动的各项基本技术动作是篮球运动的基础,正是篮球的各种基本技术动作构成了篮球运动的基本环节,正是篮球的基本动作构成了篮球的各种完整技术。

由于篮球基本动作与篮球完整的技术之间具有密切关系,对篮球基本动作进行规范、合理的学习的重要性是显而易见的。篮球技术具有一定的多样性和复杂性,它既包括周期性成分,也包括非周期性成分。掌握复杂的篮球技术需要事先学习基本动作,具体而言,青少年需要熟练各技术中基本动作完成的力度、幅度、顺序、速度、时机及方向等。

(四)强调组合技术训练的原则

在篮球运动实践过程中,篮球运动员需要进行多样化的动作组合,并根据实际比赛需要进行灵活应变。在篮球运动比赛中,如果运动员技术单一,则其无法应对复杂多变的赛场环境,很难在比赛中赢得胜利。在篮球比赛中,如果运动员技术动作丰富多样,并能够在比赛中综合有效利用,则其将能够更容易获得进攻和得分的机会,从而使得获胜的概率增加。

在篮球技术的教学训练过程中,教师应该遵循篮球技术教学训练的循序渐进规律,着重对青少年有球(无球)的组合技术的练习进行科学的指导。在篮球技术教学训练中强调组合技术训练的原则具有重要的意义。强调组合技术训练的原则不仅能够促进青少年综合技术的掌握,还能够促进其综合技术运用意识的形成。另外,强调组合技术训练的原则还能够促进青少年单个技术的熟练掌握。

二、青少年篮球技术教学训练的方法

现代篮球运动技术教学训练的方法,是教师与青少年为实现篮球运动的教学与训练目的所采取的途径和程序。在现代篮球技术教学与训练的实施中,必须以篮球运动的教学和训练任务、内容、对象特点及条件等为依据,以篮球运动的教学训练原则为指导,合理运用教学训练方法。

(一)建立正确的技术动作概念的方法

1. 示范法

教师要准确规范地示范篮球技术动作,使青少年在大脑中形成正确的技术动作表象。在运用示范法时要注意以下几点。

(1)教师可充分利用幻灯、图片、录像与电影等各种直观教具进行技术动作的演示,直观教具的使用有利于正确的技术动作和完整技术概念的形成,从而提高示范的效果。

(2)教师示范的位置及方向要根据青少年的人数、队形及球场的位置来确定,一般较多地采用侧面示范的方面,目的是让青少年对示范动作进行详细的观察。

(3)教师可先进行一次完整的动作示范,然后依据技术动作的具体结构和要求进行重点示范,有意识地把青少年的注意力集中在技术动作的关键环节上。

2. 讲解法

在篮球技术教学训练中,教师在运用讲解法帮助青少年建立正确的技术动作概念时应注意如下几点。

(1)要对所要讲解的范围、方法、内容与重要知识进行确定。

(2)按照一定的顺序讲解,即动作名称—作用—技术结构—要领与关键—要求。

（3）讲解动作时要方法得当，既要概述完整概念，又要突出重点内容，不要一味地照着书本朗读，目的是使学生容易理解、熟记与掌握。

（4）讲解要讲究简要化、形象化与生动化。

（5）运用语言法（比喻、想象等）进行启发性的讲解，也要注意循序渐进、深入浅出。

3. 尝试法

教师在完成讲解与示范后，可以指导青少年尝试实践操作。青少年在开始尝试做动作时，既可以做有球练习，也可以做无球练习，要注意密切联系视觉、听觉与本体感觉，通过教师的指导，青少年能够对篮球技术动作的运动感觉有所了解，为形成清晰的技术动作奠定一定的基础。

在讲解、示范和尝试的过程中，听觉、视觉与知觉等外导系统起主要作用，这些外导系统能够帮助青少年形成清晰准确的技术动作概念，并在此基础上进行动作的练习。但这时青少年动觉较差，调节和控制动作的感觉较弱。因此，教师要经常进行准确的动作示范，既可以先示范后讲解，也可以先讲解后示范，还可以同时运用示范与讲解的方法。综合运用讲解、示范与尝试的方法，使青少年对技术动作要领有更深刻的体会，还有利于充分调动各感觉器官，促进正确技术动作概念的尽快形成。

（二）准确的技术动力定型形成的方法

教师指导青少年进行练习时，要遵循由简至繁、由易至难、由近及远的原则，这样不仅能够帮助青少年掌握规范的技术动作，还有利于正确技术动力定型的建立。教师可指导青少年做如下几种方法的练习。

1. 模仿动作法

在正确的技术动作概念建立后，青少年可进行模仿动作练习，模仿时注意要按技术动作的结构、顺序进行，模仿动作练习具有以下两个方面的意义。

（1）能够使青少年体验完整的技术动作与运动时的肌肉整体感觉。

（2）提高青少年理解技术动作概念的能力，从而有利于青少年正确动作表象的建立。

2. 分解练习法

分解练习法就是在练习中按照一定的顺序，把完整的技术动作分为几个具体的环节，一个环节一个环节地练习。运用分解练习法的目的是使青少年掌握技术动作的重点或难点。

分解练习要注意与完整练习的有效结合,二者的结合有利于正确技术动作定型的尽快形成。

3. 反复练习法

只有进行反复多次的练习,才能促进正确动力定型的逐步形成,才能更好地掌握篮球技术动作。采用反复练习法要注意以下几点。

(1)注意综合考虑青少年的性别、年龄、身体状况、素质等因素,从这些实际条件出发选择正确的练习方法。

(2)在篮球技术动作的初级掌握阶段,不要对青少年提出过多的技术要求。

(3)要反复练习重点技术动作。

(4)要从不同的方向、距离与速度采用完整的练习法进行反复练习,提高青少年对技术动作的理解能力,帮助学生形成正确的技术动作。

4. 个别练习法

教师有意识、有目的、有计划地纠正个别青少年的错误技术动作时,通常采用个别练习法。每个青少年的错误技术动作都不尽相同,因此要区别对待,采用个别的练习方法。

个别练习法的使用不宜占用太多的时间,教师要示范快与慢相结合的练习,重新帮助青少年形成正确的技术动力定型,并加以巩固与提高。

(三)组合技术掌握的方法

1. 掌握并巩固组合技术

青少年对两个或两个以上的技术进行熟悉与掌握后,要注意正确衔接各个技术动作,练习篮球的组合技术,组合技术的练习有利于青少年技术动力定型的巩固与提高,为青少年运用组合技术做好充分的准备。

篮球技术属于综合性技术的一种,后一个动作需要前一个动作的结合作准备,衔接连贯、有节奏、省力与合理是篮球综合技术的基本要求,组合动作还要求动作协调与实效。

在练习组合动作的过程中,刚开始可进行原地或慢速度行进中的练习,然后逐步进行快速度的技术动作练习,并逐步增加组合技术的变化动作与数量,循序渐进的练习有利于学生熟练掌握与巩固组合技术。

2. 提高运用组合技术的应变能力

青少年熟练掌握单个技术和组合技术后,教师可结合持球瞄篮、虚晃、跨步等假动作进行教学,变持球突破为投篮、变投篮为持球突破,结合投篮与持球突破,注意假动作的灵活、逼真与实践性,以此使青少年运用组合技术的应变能力不断得到提高。

(四)技术运用能力提高的方法

青少年在具备一定的技术动作基础之后,通过比赛的方法提高青少年的运用技术能力是重要且必要的。篮球正式比赛与篮球教学比赛时通常采用的教学手段,能够有效促进青少年动作技能的掌握和提高。

在篮球技术教学训练过程中,顺序与方法不是固定的,要依据不同的现状灵活采用方法。通常,应遵循以下规律进行。

(1)在篮球技术教学训练的开始阶段,重视青少年对正确技术动作的掌握,提出规范严格的动作要求,要求进行反复练习。

(2)青少年掌握正确技术动作后,交叉进行组合技术的学习与掌握。

(3)在青少年掌握组合动作的基础上建立正确合理的攻守条件反射,然后通过攻守对抗的方法进一步提高青少年运用技术的能力和应变能力的。

第五章　青少年篮球战术教学与训练

篮球战术是实战中非常重要的部分之一，战术对抗也是篮球竞赛中颇有看点的内容。篮球战术教学与训练是提升青少年篮球战术能力的主要方式，为此，本章就对篮球战术教学与训练的相关问题进行阐述，并对基础战术进行实践指导。

第一节　青少年篮球战术教学与训练的任务

篮球战术是篮球运动中的重要组成部分，因此，其自然也就成为篮球教学与训练的重要内容。如此看来，开展篮球战术教学与训练的任务在于培养青少年的专业素质和意识，获得篮球战术知识，掌握篮球战术方法，具备篮球战术实践运用能力，为青少年参加篮球实战做好战术准备，以使青少年在比赛中能顺畅、适时、高效地运用战术。

在谈论篮球战术时，不能不提到战术意识这个问题。战术意识的形成是非常不容易的，它几乎涉及所有与篮球战术有关的知识，如竞赛组织、竞赛规则、战术阵型、攻守配合、局面把控、阅读比赛等方方面面。总的来说，要想培养青少年出色的战术意识，首先就要从丰富他们的篮球理论知识和夯实技战术基础开始。

战术方法是篮球比赛中进行进攻和防守时的战术体系。对于每支篮球队来说，都力求掌握更多的战术方法，并且这些方法都能在比赛中顺畅使用，如此这支球队的战术能力也就越强，越容易在比赛中占据主动。篮球战术方法的掌握也要经历一个勤学苦练的过程，并且在练习中还要注重战术的实际操作能力，有些战术在日常练习中演练效果良好，但由于没有考虑到一些实战中可能出现的情况，所以当在实战中使用时往往难以达到预期的战术效果。

战术运用能力是运动员根据比赛条件，为了完成个人的或集体的战术任务而具备的体能、心理素质、技术动作和战术方法等的能力。个人和球队的战术运用能力直接关乎战术意图能否达到,战术应用效果是否良好。现实中,一些战术设计得非常完美,但球员在场上执行时往往受限于战术运用能力而不能发挥出战术优势。因此,提升运动员的战术运用能力也是战术训练中的重点。

这里需要明确一点的是,战术是由技术通过合理编排后构成的,技术是战术的基础。这就使得不管使用哪种战术,都要有过硬的技术予以支持,因此在日常训练中不应太过隔离战术与技术训练的联系性。从实战层面来看,比赛中两队展现的战术都是个人与集体之间多变的技术性和战术性紧密结合的组织形式。

第二节 青少年篮球战术教学与训练的内容

一、青少年篮球战术的总体内容

当青少年具备了足够的技术能力后就可以着手开始战术能力的训练。培养青少年的战术意识应是始终贯穿于他们的战术训练之中的,这往往容易被人们忽视。具体来看,青少年篮球战术教学与训练的总体内容有如下几项。

(1)全面学习进攻端与防守端的基础战术。从现代篮球战术的流行趋势来看,应关注人盯人防守和快攻两种全队战术的训练。另外,在战术训练中应始终秉承快中求准、狠中求活、稳中求变的宗旨,逐步形成符合本队特点的攻防战术体系。

(2)当青少年的战术意识初步形成之后,就可制定一套符合球队特点的攻防战术体系,然后在训练中逐步渗透这一战术体系的思想和落实具体战术的训练。

(3)战术的使用成效不仅依赖于运动员行动的正确性、及时性和针对性,还依赖于个人与同伴之间的默契配合、迷惑行为、随机应变和创造力。此外,心理素质和智力水平也是战术训练中需要关注的内容。

二、青少年篮球战术具体内容的教学与训练

青少年掌握的篮球战术内容众多,这里主要以图片的形式展现其中较为基础的战术学练方法。

（一）篮球进攻战术学练方法

1. 基础进攻战术学练

（1）传切配合

①传切配合解析

传切配合主要包括传球和空切两部分。传切配合是通过队员之间利用传球和切入来创造进攻的机会，以达到预定的进攻目的。

如图 5-1 所示，④传球给⑤，然后摆脱△的防守，切入接⑤的回传球并运球上篮。

如图 5-2 所示，⑤摆脱△的防守空切篮下，接④的传球上篮。

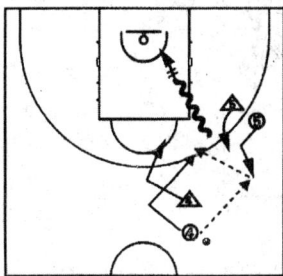

图 5-1

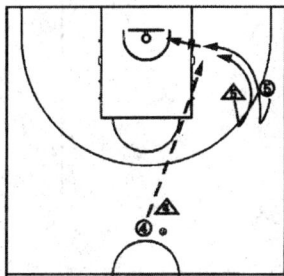

图 5-2

②传切配合的学练方法

二人传切练习。二人传切练习的学练方法如图 5-3 所示。④传球给⑤后做向左切假动作，然后变向右切入，⑤接球回传给④的下一位队员，做向底线切的假动作，然后变向左侧横切。

三人传切练习。三人传切练习的学练方法如图 5-4 所示。④与⑤各持一球，④传球给⑥后从右侧切入接⑤传球投篮。⑤传球给④后，横切接⑥传球投篮。④、⑤投篮后自抢篮板球。

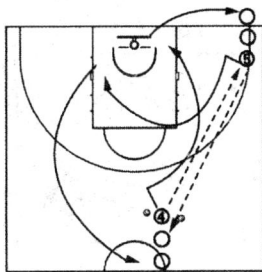

图 5-3

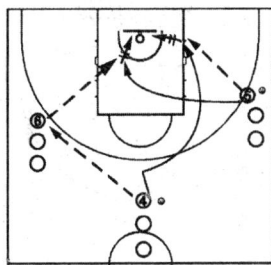

图 5-4

（2）突分配合

①突分配合解析

突分配合是持球队员运球突破对手后，遇到对方换人、补防或"关门"时，及时将球传给无防守或进攻机会更好的同伴所采用的配合方法。突分配合战术的目的是进攻队员持球突破后，及时、准确地将球传出，创造更好的进攻机会，以达到预定的进攻目的。

突分配合的常见方式如图 5-5 所示。④传球给摆脱防守的⑤，⑤接球后向底线运球突破△的防守，并传球给摆脱防守空切内线或底线的④或⑥。

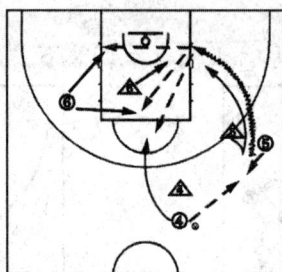

图 5-5

在突破过程中要注意观察攻守队员的位置变化，当遇到对方补防时，分球给有投篮机会的同伴。

②突分配合的学练方法

常用的突分配合学练方法如图 5-6 和图 5-7 所示。

如图 5-6 所示，④持球突破，突破中跳起分球给向两侧移动的⑦，⑦在接球后做投篮动作并传球给⑤，⑤接球后从底线或内侧突破，跳起传球给接应的⑧。位置交换，④到⑦队尾，⑦到④队尾。

如图 5-7 所示，⊗传球给④，④接传球后向篮下运球突破，遇到△补防时，将球传给空位的⑤，⑤接球投篮。△△抢篮板球回传给⊗。④接球前做摆脱动作，突破时保护好球，⑤及时突然移动至空隙地区接应。

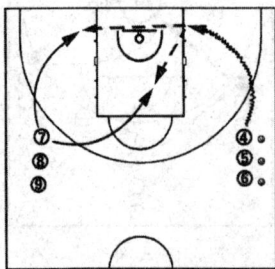

图 5-6

图 5-7

（3）掩护配合

①掩护配合解析

掩护配合是进攻者用身体挡住同伴防守者的移动路线,使同伴摆脱防守,获得接球和投篮的机会。掩护配合的目的是通过进攻队员之间的配合移动造成对方防守局部负担过重,以达到预期的进攻目标。根据身体位置和方向的不同,掩护配合可分为前掩护、侧掩护和后掩护三种。

掩护配合的常见方式如图5-8所示。④持球,⑤跑到△身体左侧做掩护,④向左运球,当⑤掩护到位后,④运球突破上篮,⑤转身切向篮下抢篮板球或接球投篮。

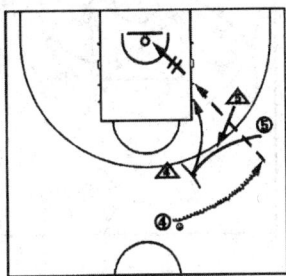

图 5-8

进攻紧逼人盯人防守时,观察防守者的位置和行动意图,采用前掩护、侧掩护配合,并及时衔接掩护的第二动作,可获得良好的投篮机会。

②掩护配合的学练方法

常用的掩护配合学练方法如图5-9和图5-10所示。

如图5-9所示,⊗站在④身前充当防守者,⑥跑到⊗侧后方给④做侧掩护,④先做向左跨步切入假动作,待⑥做好掩护后,及时向另一侧切入,⑥适时地后转身跟进。然后两人互换位置,轮流进行练习。

如图5-10所示,⑥传球给④,然后去给④做侧掩护,④利用掩护运球切入时,△换防△,④可将球传给转身跟进的⑥投篮。

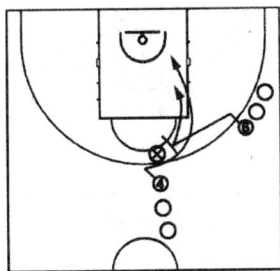

图 5-9

图 5-10

（4）策应配合

①策应配合解析

策应配合是内线队员背对或侧对球篮接球后，与同伴的空切或绕过相结合，借以摆脱防守，形成里应外合的进攻配合。策应配合的目的是进攻队员通过运用策应配合战术，来创造进攻机会，以达到预定的进攻目的。

如图5-11所示，④持球突破并传球给上提至罚球线的⑤，④纵切，⑥溜底线，⑤再传球给外围的④或底线的⑥。

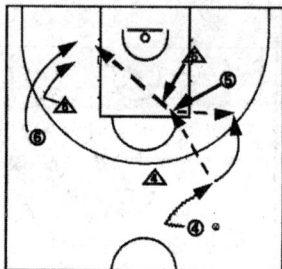

图5-11

在进攻半场人盯人或区域联防时，多在限制区附近运用并获得切入投篮的机会，在进攻全场紧逼人盯人时，可在后场掷界外球或在中场运用策应配合接同伴的传球借此摆脱防守。

②策应配合的学练方法

常用的策应配合学练方法如图5-12和图5-13所示。如图5-12所示，将练习者分为三组，按逆时针方向传球，传球后跑到下一组的队尾落位。如图5-13所示，⑥传球给⑤，⑤回传并上提做弧线跑动要球，⑥传球给插上策应的④，然后切入篮下接④的传球上篮。三人轮转换位。

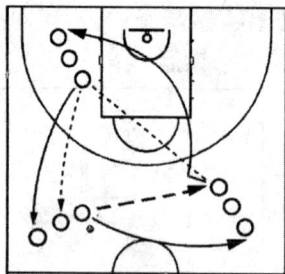

图5-12

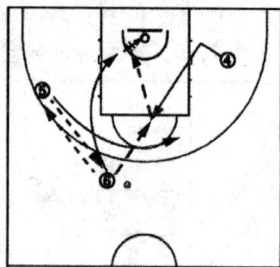

图5-13

2.快攻战术学练

（1）快攻战术解析

快攻是由守转攻时，在对方尚未组织好防守阵形之前，以最快的速度将球推进至前场,争取形成人数上和位置上的优势,主动而合理地进行攻击的一种快速进攻战术。

发动快攻的主要时机:一是抢获后场篮板球发动快攻,机会最多;二是抢、打、断球成功后发动快攻,成功率最高;三是跳球发动快攻,机会最少;四是对方投中后的底线发球快攻。

快攻战术主要有长传快攻、短传快攻和运球突破快攻三种。

①长传快攻

抢篮板球后长传快攻的学练方法如图 5-14 所示。⑤抢到篮板球后,应仔细观察场上的人、球情况,掌握发动快攻的时机,⑦和⑧及时快攻超越防守。⑤根据情况,长传球给⑦或⑧进行投篮。④⑤⑥随后插空跟进。

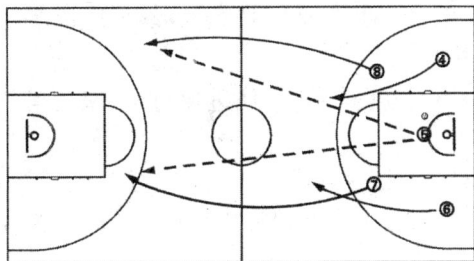

图 5-14

抢篮板球后接应发动长传快攻的学练方法如图 5-15 所示。当⑤抢到篮板球后,⑦和⑧已经快下,但由于受到🔺的严密防守,⑤不能及时长传,此时⑤可立即将球传给⑥,⑥接应后根据场上情况,迅速将球长传给已经快下的队员⑦和⑧进行投篮。

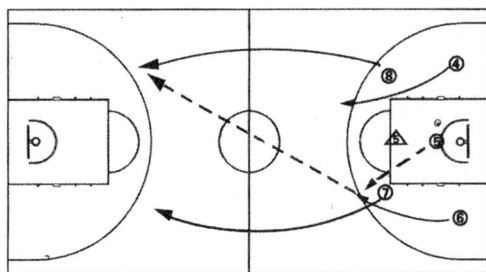

图 5-15

掷后场底线球长传快攻的学练方法如图 5-16 所示。当对方投中篮后,离球近的⑥立即捡球跨出底线,迅速掷界外球,快速将球长传给快下的④或⑤进行投篮。

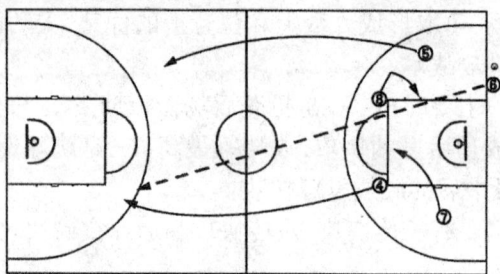

图 5—16

②短传快攻

短传快攻是指防守队员在获球后,以快速短传直逼对方篮下攻击的快攻形式,具有灵活、机动、多变的特点,容易形成以多打少的局面。

③运球突破快攻

在抢断球或获得篮板球后,抓住进攻时机,快速运球超越对手直攻篮下得分。

(2)快攻战术的学练方法

①通过全场长传球上篮训练和五人全场传球训练提高运动员的快攻战术运用的能力。

②训练中,重视战术时机的判断与把握,必须强调队员要抓住时机,在转换、传球、接应、推进、跟进等各个方面提高速度,全队要行动一致,态度积极,并且在气势上压倒对方。

③战术实施过程中,运动员的技术运用必须果断、准确,战术组织环环相扣,避免不必要的速度损失,相互协同,先后有序,队形有纵深,三路出击。

④快攻时要注重攻击后积极拼抢篮板,从而做好二次进攻的准备。快攻不成要及时转入阵地进攻。

3.进攻人盯人防守战术学练

(1)进攻半场人盯人防守

阵地进攻中,要根据本队条件和防守队的特点,以及选择的战术来确定进攻的队形,进攻人盯人防守战术要充分利用传切、掩护、突分和策应等基础配合,打乱对方的防守体系,并结合个人的攻击能力,创造得分机会。常用的阵地进攻队形有"3—2"队形、"1—2—2"队形等。

掩护突破与空切配合的学练方法如图 5-17 所示。⑥传球给⑤,④提上给⑤做掩护,⑤借助④的掩护持球突破到篮下;同时⑧上提给⑦做掩护,然后转身插向篮下,准备接⑤的分球或抢篮板球,⑦借助⑧的掩护插向底线,准备接⑤的突破分球,以便于⑤突破篮下时可以有自己上篮、分球给⑦、④或⑧投篮的 4 次机会。

　　掩护策应与传切配合的学练方法如图 5-18 所示。⑥传球给⑦，然后去给⑤做侧掩护，④做假动作后插到罚球线上要球，⑧去给⑦做侧掩护，⑦传球给④后，借⑧的掩护向篮下快下，⑤借助⑥的掩护插到圈顶准备策应跳投，④根据情况做策应跳投或传给⑦准备投篮。

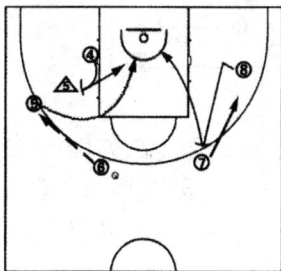 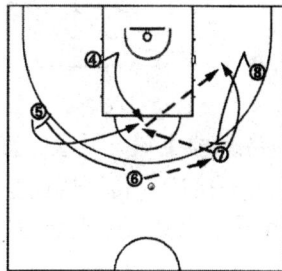

图 5-17　　　　　　　　　　　　　　　图 5-18

　　（2）进攻全场紧逼人盯人防守

　　①三人掩护配合。三人掩护配合的学练方法如图 5-19 所示。对方全场紧逼掷端线界外球时，⑤、⑥、⑧迅速在罚球线附近面对④成掩护横队，⑦在罚球区的另一侧。此时，④应有较强战术意识，准确传、运球；⑦快速突破、准确投篮；⑤和⑥作接应，⑧是中锋，要有跟进策应和强攻篮下的意识。配合开始时，⑦向端线跑动，当遭遇对方阻拦时，迅速反跑，快下，接长传球快攻，⑥和⑤向边线移动接应一传。如果④将球传给⑧，中锋⑧应该迅速沿右侧边线快下，⑤则迅速摆脱防守斜插中路接应，并运球突破，争取与⑧和⑦在前场以多打少。

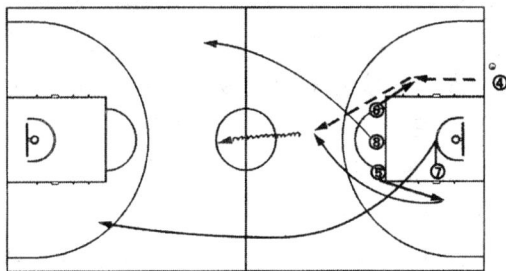

图 5-19

　　②两侧掩护配合。两侧掩护配合的学练方法如图 5-20 所示。④掷端线球，⑥快速摆脱防守，接应第一传。④斜线跑动进场接回传球，⑦中场策应，⑤快速摆脱到篮下，⑧再摆脱防守策应要球，传球给⑤运球上篮，或等待同伴进入前场后准备阵地进攻。

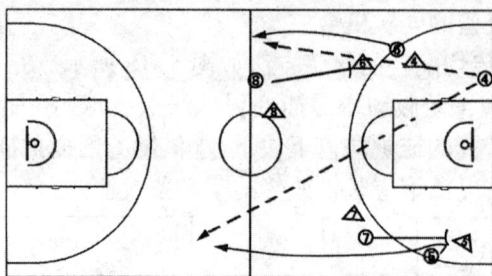

图 5-20

③中路运球突破。中路运球突破配合的学练方法如图 5-21 所示。当⑦掩护后去接应一传，④迅速从中路运球推进，⑤利用⑦的掩护从边路快下，⑧和⑥交叉跑动，若堵截则将球传给⑥或⑧，⑥或⑧接球后运球突破前场，直奔篮下准备上篮。

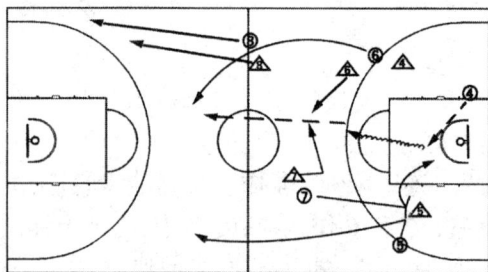

图 5-21

4.进攻区域联防战术学练

篮球进攻区域联防是针对区域联防的阵型和变化特点，结合本队实际情况，组织相应落位阵型，通过传球和队员穿插，破坏对方整体防守，以实现良好的内外线进攻。该战术形式较多，最常用的主要是"1—3—1"阵型和"2—1—2"阵型。

（1）"1—3—1"联防进攻

中锋策应进攻：篮球比赛中，当外围队员持球时，将球传给中锋队员，中锋队员接球后，除个人攻击外有三个传球点，第一点传给横切的同伴，第二点传给空切篮下的同伴，第三点传给后卫队员，在策应过程中也可个人进攻。

背插、溜底线进攻：外线队员熟悉掌握配合的整体结构，准确传球，并在传球过程中调动防守，组织中、远距离投篮，迫使对方扩大防区。如果没有机会，一旦本队的外线队员接球时，同为外线的同伴立即背插至右侧底角，接传球后，远投或回传给组织进攻。

三角穿插进攻：如图 5-22 所示，⑦接到⑧的传球后，把球向左移动，⑥向左前方跳步接⑦的传球，由于⑥已进入投篮攻击点，△出来防守⑥，此时内线④斜插篮下要球，△必然去跟防④，紧接着⑤向罚球线远端斜插要球，△紧随其上，⑧同时空切篮下接⑥传球上篮，这时△是背对⑧，所以不会去防守⑧。该战术先后出现 3 次战机，成功的关键是穿插要球逼真，连续穿插衔接紧凑到位，传球及时到位。

图 5-22　　　　　　　　　　图 5-23

（2）"2—1—2"联防进攻

在篮球比赛中，"2—1—2"主要是针对"3—2"区域联防站位，以迫使对方改变防守队形，使本方队员通过中锋策应、外围穿插、溜底线投篮等形式，形成局部区域的以多打少的局面，压制对方，争取比赛主动。

以"2—1—2"中锋策应底线进攻为例，如图 5-23 所示，⑥接到⑦的传球，见⑧从右侧溜底到左侧，就向篮下持球突破，使△和△"关门"防守，⑤上提接⑥突破分回传球，再传给溜底线过来的⑧，④下移把△挡在身后，所以⑧投篮是很好的机会，这时④、⑤、⑦准备去抢前场篮板球，⑥撤到安全区域。

（二）篮球防守战术学练方法

1.基础防守战术学练

篮球防守战术配合是指防守队员两三人之间采用的协同防守配合方法，在比赛中，熟悉掌握和灵活运用防守配合，对提高球队的整体防守能力具有重要作用。基础防守战术配合包括挤过、穿过、绕过、关门、夹击、补防和交换防守配合，下面主要对其中的挤过、穿过和交换防守配合进行分析。

（1）挤过配合
①挤过配合解析
挤过配合是利用挤过，有效地遏制和破坏对手的掩护配合，以达到破

坏对手进攻的目的。

在实施挤过配合时,不应过早暴露挤过配合的意图,以防止对方反方向切入;实施挤过配合时,应在两进攻队员身体靠近之前,果断抢步贴近对手,快速侧身挤过;防守掩护者的队员,应选择能够兼顾防守两个进攻队员的位置,做好随时换防的准备,并及时提醒己方队员注意对方的掩护意图。

挤过配合的常见方式如图5-24所示。④给⑤做掩护,当④接近△的一刹那,△抢前横跨一步贴近⑤,并从④和⑤之间主动侧身挤过去继续防守⑤。

②挤过配合的学练方法

常用的挤过配合学练方法如图5-25所示。④去给⑤做掩护,当④接近⑤时,同时⑤准备移动,△要及时向前跨一步靠近⑤,并在⑤与④之间侧身挤过继续防守⑤。⑤去给⑥做掩护,△按△同样的动作挤过。依次进行循环练习,然后攻、守互换。

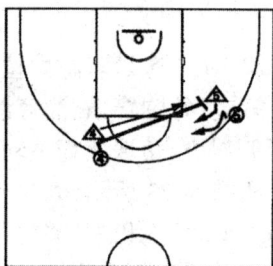

图5-24

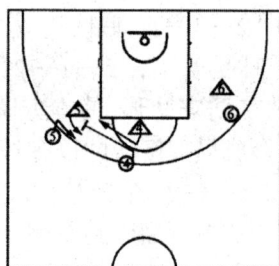

图5-25

（2）穿过配合

①穿过配合解析

穿过配合是指当进攻方进行掩护时,防守掩护者的队员主动后撤一步,并及时提醒同伴,让同伴能及时从中穿过,继续防守其对手的配合方法。在对方掩护发生的弱侧区域,距离球篮较远、无投篮威胁、不宜换防的情况下,可以采用穿过配合,能够有效地破坏对方的掩护配合。

穿过配合时,防掩护者的队员应主动后撤一步选好位置,并及时提醒同伴,以便让队友穿过;当对方掩护时,防守掩护者的队员应撤步侧身,避开掩护者及时穿过。

穿过配合的常见方式如图5-26所示。当④给⑤做掩护时,△上前一步从△和⑤之间穿过继续紧逼防守⑤。

②穿过配合的学练方法

常用的穿过配合学练方法如图5-27所示。⊗在弧顶外持球,④、⑤、

⑥轮流做定位掩护，△、△、△防守者练习防守。当弧顶传球给⑥时，④立即起动借⑤定位掩护摆脱防守切入，△做穿过防守练习。⑤做完掩护后拉出，④切入后到限制区左侧做定位掩护，⑥将球传过弧顶后利用④掩护切入，△做穿过防守练习。

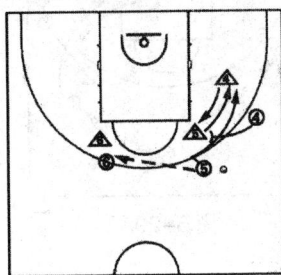

图 5-26

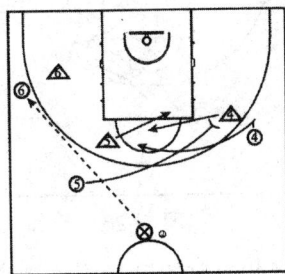

图 5-27

（3）交换防守配合

①交换防守配合解析

交换防守是当对方进行掩护或策应时，防守者之间及时交换自己所防守对手的一种配合方法。利用交换配合，可以有效地遏制和破坏对方的掩护配合。当对方掩护时，防守者不能挤过或穿过进行防守时，可及时采用交换防守。

在利用交换配合堵截进攻队员的攻击路线时，防守掩护者的队员应及时发出信号提醒同伴；在掩护队员转身切入之前，防守被掩护者的队员应及时撤步，以抢占有利于防守的位置。

交换防守配合的方法如图 5-28 所示，当⑤给④掩护成功，△和△要及时交换防守对象。

②交换防守配合的学练方法

常用的交换防守配合学练方法如图 5-29 所示。⊗与④和⑥在外围传接球，当⊗传球给④的同时，⑤给④做后掩护，④将球回传给弧顶队员，④借掩护之机切入篮下，这时△一边跟防，一边通知△，当④切入时，△突然换防④，并准备断弧顶队员传给④的高吊球，此时△要抢占内侧防守位置，防止⑤接弧顶⊗的球。

2.防守快攻战术学练

防守快攻战术是由攻转守的瞬间组织起来阻止和破坏对方快攻的防守战术，在篮球比赛中，防守快攻的运用目的和作用具体如下。

（1）提高进攻成功率

要提高进攻成功率，必须从根本上遏制对方。现代篮球比赛，在由守转攻时，通过争取后场篮板球进而发动快攻的概率最大，因此，进攻队员提高投篮命中率、积极拼抢前场篮板球是制约对方发动快攻的有效方法。

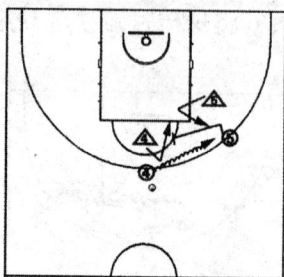

图 5-28

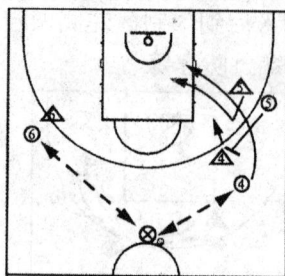

图 5-29

（2）堵截快攻的第一传和接应

篮球比赛中,对快攻的第一传和接应进行有组织的堵截,是使其快攻失败的关键动作。对手拿球由守转攻时,离持球队员最近的防守队员要迅速上前封堵对手的传球路线,伺机夹击防守,干扰其第一传,同时,其他队员切断接应路线,伺机断球,延缓其进攻速度,争取时间布防。当对方发动后场端线球快攻时,一方面防守队员要迅速退防,防止其偷袭;另一方面,防守队员要全力封堵对手发端线球,组织好防守阵型,延缓其发动进攻的时间和进攻的速度。堵截快攻的发动与接应学练方法如图 5-30 所示,⊗投篮未中,当防守队员△抢到篮板球时,④立即转攻为守,迅速上前挥臂封其一传,⑥和⑤分别堵截△和△接应一传。夹击第一传学练方法如图 5-31 所示,当△抢到篮板球时,④和篮下的⑤合作夹击,⑥放弃快下的△,而及时去堵截△的接应,并随时准备断△传出的球。

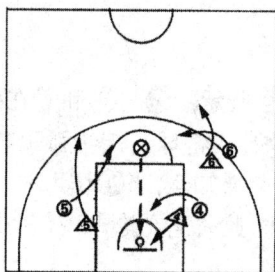

图 5-30

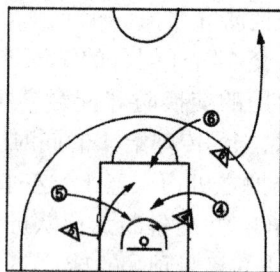

图 5-31

（3）控制对手的推进

由攻转守后,当对方发动快攻时,领防队员绝对不可盲目后撤,而是应当与持球者保持适当距离,控制后撤速度以对对手的推进速度进行控制,从而转入阵地防守。

（4）防守快下队员

篮球比赛中,本方由攻转守时,防守队员应积极堵截中场,切断对方快下队员的接球和传球路线,使进攻队员不能长驱直入篮下;同时,积极运用快速退守,并追截沿边线的快下队员。

（5）提高队员以少防多的能力

篮球比赛中,当对方成功发动快攻、出现以少防多的不利局面时,防守队员提高一防二、二防三的能力,重点防篮下,为同伴回防赢得时间,这就必须提高个人防守能力,以及同伴之间的相互补防能力,为同伴争取退守时间。半场一防二的学练方法如图5-32所示,当⑥把球传给⑤,⑤沿边线运球推进时,△由中路稍向⑤一侧退防,在退防中要利用假动作干扰对手,当⑤又把球传给⑥时,△立即移向⑥一侧篮下,并随时断⑥回传给⑤的球或及时起跳封盖⑥的投篮和可能的二次篮板球进攻。半场二防三的学练方法如图5-33所示,⑤从中路运球推进时,△在前堵中路,△在后成重叠防守。当⑤把球传给⑥时,△上前防守⑥,△立即后撤兼顾防守⑤和⑦。当⑥沿边线运球突破时,△随之移动防守⑥突破上篮,这时△要向中区占据篮下有利位置兼防⑤和⑦。当⑥把球传给⑤时,△要立即移动堵截,△迅速向篮下移动兼防⑥和⑦。

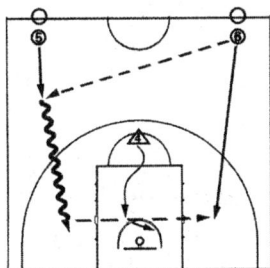

图 5-32

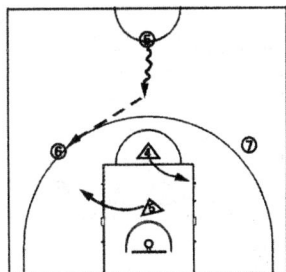

图 5-33

3.人盯人防守战术学练

（1）半场扩大人盯人防守

当对方外围投篮准确,突破能力及全队的整体进攻配合质量较差时,采用半场扩大人盯人防守战术可有效地扼制对方的习惯打法。有时也用于加强外线防守、切断内外联系,使中锋没有获球的机会,从而达到"制外防内"的防守策略。因此,这是一种防守目的明确,主动性、攻击性很强的防守方法。但由于扩大了防守,队员的体能消耗很大,不利于协防,容易出现漏人的现象。

当比赛由进攻转为防守时,防守队员对于对方反击的速度要严加控制,马上后撤,对方进攻的持球队员进入半场后,防守队员要通过紧逼放慢其速度,使其无法突破。对于无球队员的防守,位置的选择最重要。

（2）半场缩小人盯人防守

半场缩小人盯人防守,是以加强内线防守、保护篮下为主要目的的防守战术。这种防守战术多用于对方篮下攻击力较强、外围攻击力较弱的球队,它的防守区域较小,有利于协防,控制内线进攻、抢篮板球后组织快攻反击。

半场缩小人盯人防守也包括三种情况,即球在正面时的防守、球在底角时的防守、中锋接到球时的防守。这里重点分析以下两种。

破掩护、交换防守或协防的学练方法如图5-34所示。进攻队员⑤将球传给⑦后,⑤去给④做掩护,防守队△和△向后移动穿过去破坏对方的掩护;若对方掩护成功,△和△要及时交换防守,或△随之移动,继续去防④,其他防守队员相应地向篮下移动,进行协防。

围守中锋防突破（进攻）的学练方法如图5-35所示。进攻中锋⑥威胁性较大,而其他外围队员⑦、⑤、④中远距离投篮不准,但又善于切入时,特别是⑥接到外围⑧的传球,除△全力防守之外,△、△、△都要相应缩小防区。

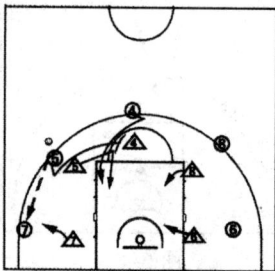 

图5-34 图5-35

（3）全场紧逼人盯人防守

全场紧逼人盯人防守是在全场范围内与对手展开争夺,防守队员在不同防区的紧逼过程中,任务也有所不同,所以,通常把球场划分为前场、中场和后场三个区域来组织人盯人防守。

①前场紧逼防守

对方在后场外掷界外球时的紧逼:一对一紧逼形式,如图5-36所示,△积极阻挠④掷界外球,其他前场的防守队员采用错位防守,卡断传球路线,积极抢断球。后场的防守队员应上前防守,与对手保持稍远的距离,并随时准备抢断长传球。

夹击接应的紧逼：在上述一对一紧逼形式中，如果④是控制球能力很强的队员，是该队的主要接应者，△可以放弃对发球人的阻挠，转而对⑤进行夹击，阻止其顺利接应篮球。

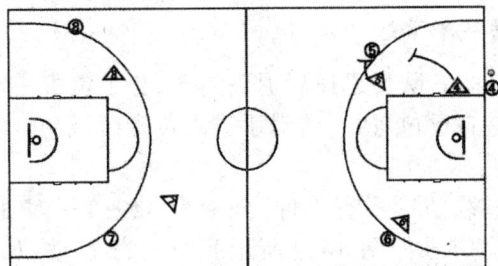

图 5-36

机动夹击接球者的紧逼：如图 5-37 所示，△和△分别站在对手的侧前方，阻止对手迎前接应。△放弃防守发球者，退到△和△的后面，随时抢断传给⑤和⑥的高吊球，△赶上，准备抢断传给⑥的长传球，△向⑦方向靠一点，准备抢断传给⑦的长传球。

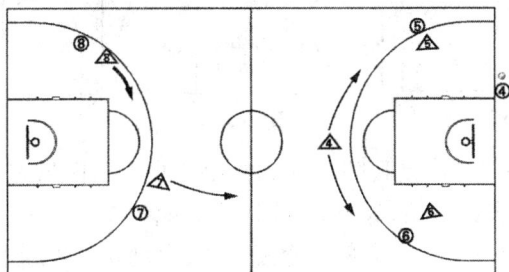

图 5-37

②中场紧逼防守

中场紧逼防守的方法及过程如下。

A. 在对方运球向前推进时堵中放边。

B. 同伴防守队员要根据场上情况和时机，大胆上前包夹对方运球队员。

C. 一旦包夹开始，后面的防守队员要向前补防，并积极抢断对手的传球。

D. 对手如将球传出或突破包夹，要立即回撤，重新组织防守力量。通过急与缓的节奏打乱对手的战术节奏。

③后场紧逼防守

一般来说，在后场应继续扩大防守，对持球队员积极封堵，尤其在底线场角，防守队员应积极组织夹击，破坏对方的进攻，使其出现失误，继续给对方心理上施加压力。如果在前、中场防守时，由于交换盯人、轮转补防出现防守队员高矮错配、强弱不均等现象，可以寻找适当的时机进行调整，以巩固后场的防守实力。

4. 区域联防战术学练

区域联防是防守队员迅速后退到后场，分工负责一定区域并结合球的移动积极调整自己位置，严防对手进入负责区域的全队防守战术。该战术兼具针对性、攻击性。

常用的区域联防形式有三种，分别为"2—1—2"联防（如图 5-38 所示）、"2—3"联防（如图 5-39 所示）、"3—2"联防（如图 5-40 所示）。其中采用"2—1—2"联防的较多。

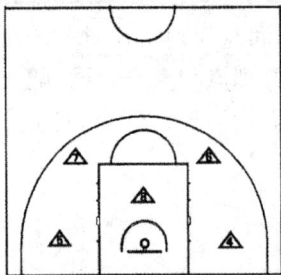
图 5-38

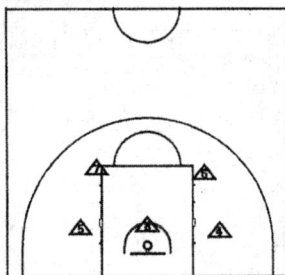
图 5-39

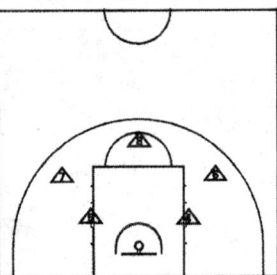
图 5-40

以"2—1—2"区域联防为例，在"2—1—2"区域联防中，突前的两名防守队员应快速灵活，善于在抢断后就地组织反击；位于后排防守的两人应是身材高大、善于盖帽和抢篮板球、发动快攻的队员。

在篮球比赛中，"2—1—2"联防的主要防守方法有以下几种。

（1）球在正面弧顶时的防守配合。

（2）球在侧面两腰时的防守配合。

（3）球在底角时的防守配合。

（4）防守外中锋的配合及防守溜底线的配合。

第三节　青少年篮球临场比赛心理素质训练

一、篮球运动心理训练的内涵

针对篮球运动员进行的心理训练是指通过各种手段有目的、有意识地对运动员的心理过程和个性特征施加影响的训练过程。

运动心理学的研究证明了运动员的心理状况是决定其能否正常发挥水平的关键因素。因此,心理训练在篮球训练中也成了不可或缺的组成部分,特别是在高水平篮球运动队中。篮球运动员的心理训练主要包括意志品质的培养和专项心理素质训练两个方面。运动员的意志品质通常包括主动、果断、勇敢、自制、坚毅、坚定、独立等特性。篮球运动中意志品质突出表现在运动员的独立性和创造性上,这是形成较高篮球球商的关键。鉴于此,就更需要全面培养运动员的意志品质。对于篮球运动来说,应该将心理训练的着眼点放在情绪的稳定性、自控能力及高度集中的注意力上。这些心理因素对篮球运动的特点最为关键,只有这样才能让运动员在比赛中始终保持良好的心理状态应对比赛中的各种局面,为获得胜利打好心理基础。

当运动员参加篮球比赛时,他自身所处的环境是多元化的。首先他要面临的是技战术水平同样出色的对手,要与他们进行身体、技术、战术、智力方面的全方位比拼。除此之外,过硬的心理素质也是保持比赛优势的关键,有时甚至决定了场上的形势和比赛的最终结果。影响篮球运动员比赛心理的因素是多方面的,像比赛的性质、对手、场地设备、观众、时间、比分、教练员的态度、队员间的情绪、社会因素等,其形式多表现为紧张、懈怠、骄傲、自信心不足等。针对在篮球场上运动员出现的这些心理问题,心理训练的作用就在于此,以训练运动员学会控制和调节比赛所需要的心理状态,从而提高训练和比赛的质量。

二、篮球运动心理训练的目的与任务

篮球运动中有许多对运动者心理素质上的考验,同时,心理层面的对抗也是篮球运动对抗元素中的一个组成部分。为此,在篮球运动的训练中加入心理训练就显得非常重要。

目前,篮球运动心理训练有一般性运动心理训练和篮球专项心理训练。一般性心理训练主要提升的是运动员的综合心理素质,如此使运动员得以在良好的心理素质下参加篮球训练和比赛活动。而篮球专项心理训练的针对性则更强,它是专门为解决运动员参加篮球运动中遇到的各种心理问题而设计的,特别是满足那些高水平篮球运动员需要的个性心理特征及特定的心理过程。

总的来看,篮球运动心理训练的任务有如下几项。

（1）培养运动员足够的应对篮球比赛对运动员心理素质方面要求的

能力。

（2）尽可能长时间地维持运动员良好的心理素质。

（3）不断激发和增强运动员参与篮球运动的动机和态度。

（4）培养运动员拥有足够的心理调节能力和抵抗不利因素对心理造成影响的能力。

（5）缓解运动员的心理疲劳。

针对篮球运动员的心理素质训练除了要进行专门的心理能力的培养外，还应借助日常训练和比赛，将心理训练的理念和内容融入进去，以达到潜移默化地完成心理训练的效果。人的心理总是千差万别的，甚至就算是同一个人，其心理也可能由于面对的情况不同而千变万化。这就使得对运动员开展的心理训练要尽量具有针对性，关注到运动员之间的心理差异，而不应是"一刀切"的模式。例如，当遇到不利于本方的局面时，有些运动员会表现得沉着冷静，努力想方设法扭转局面，而有些运动员面对同样的局面可能就会自暴自弃。

教练员固然是帮助调节运动员心理的主导者，但除此之外运动员自己也要注重自我心理调节，而不应只是被动地等待他人的帮助。因为在比赛中，很少有教练员会将宝贵的时间用来对运动员进行心理疏导。为此，在对运动员进行心理训练时，教授一些内部激励性的自言自语、自我命令等自我心理调控的方法也是重要的训练内容。当然，运动员的运动心理问题不只有消极层面的，在运动过程中有些运动员还会出现过分兴奋的状态，对于这种心理也需要予以调节，以免他们因过度亢奋而做出违反规则的夸张行为。之所以对自我心理调节如此看重，主要在于对运动员的心理了解上，没有谁能比运动员本人更为了解自己。如果运动员具备了自我心理调节能力，则其可以在出现心理问题之后较快发现问题所在，并予以调节，如此是效率最高的方式。

三、篮球竞赛临场心理素质训练方法

篮球比赛中充满了双方心理层面的对抗，再加上投入比赛的球员总是高度集中注意力，这在很大程度上也消耗了他们的精力，这些都易引发心理疲劳和众多心理问题。因此，对处在临场比赛之中的运动员进行适当的心理训练是非常重要的。根据比赛的前、中、后三个阶段，也可将心理训练分为相应的三个阶段。

（一）赛前心理训练

1. 自我认知训练

在篮球运动员自我认知训练方面,自我灌输法是其中的一个主要方法。

其内容主要包括以下几个方面。

（1）在比赛开始之前,篮球运动员进行积极的自我暗示。

（2）充分了解自己的体能状况和技战术水平。

（3）对战胜对手的方法进行分析。

（4）排除外界环境的干扰。

2. 心理适应训练

心理适应性训练是一种能够使篮球运动员同比赛环境之间保持心理协调的心理训练方法。

心理适应训练的内容主要包括对适应场地、设备、裁判、比赛气氛、观众等的训练。

3. 模拟训练

模拟训练是在分析和了解比赛环境及对手特点之后,在基本相同的情况下来进行的适应性训练。

模拟训练的目的主要是促使篮球运动员的临场适应性得到提高,通过模拟训练,运动员能够在头脑中建立合理的动力定型结构,以对比赛中随时变化的临场情况进行更好的应对,促使自身的技战术水平得到充分发挥。

模拟训练的具体做法有以下几个方面。

（1）模拟赛场气氛

在比赛过程中,篮球运动员的注意力通常会受到现场观众气氛的影响,并产生紧张的心理。因此,在对篮球运动员进行训练的过程中,可以通过对比赛的气氛进行模拟,缓解运动员紧张的心理。如采用放观众噪声录音的形式,模拟比赛现场气氛,提高运动员适应比赛的能力。

（2）模拟赛场局势

随着篮球技战术水平的不断提高,赛场上的实际情况越来越复杂,经常会出现一些难以预测的情况,因此,篮球运动员要具备适应比赛现场局势的能力。可以在平时的训练过程中有目的地改变赛场局势,如设计教学比赛时,先由一方大比分领先,然后将比分进行调换,或者当与对方同处高比分时,立即宣布最后1球决定胜负等。篮球运动员可以通过这种方法,提高自身稳定的心态和随机应变的能力。

（3）模拟对手

搜集对手比赛的资料,通过观看对手比赛的录像等,了解对手的技战术打法,并进行模拟比赛,让篮球运动员适应比赛对手的节奏和特点,增强战胜对手的信心。

4.心理调节训练

心理调节训练是一种有意识调节运动员赛前不良心理状态的训练方法,主要包括以下几种。

（1）催眠放松训练

在正式比赛的前一天或当天,心理学家可以通过催眠篮球运动员,以帮助他们能够从赛前的紧张状态和恐惧感中解脱出来。

（2）赛前谈话

教练员可以通过找篮球运动员进行谈话,让运动员明白比赛的意义和目的,对赛前的状态进行调整,提高亢奋的情绪,以促使其参赛的信心得以增强。

（3）生物反馈训练

生物反馈训练是一种通过借助现代仪器,以反映运动员的活动信息,并向运动员进行及时反馈,然后根据初期测定的结果,基于塑造成型原则来开展反应期训练及脱离生物反馈仪的训练,促使运动员调节自身情绪的能力得以不断提高,消除比赛之前过度焦虑、过度紧张等的心理训练方法。

（4）心理自我调节

心理自我调节,是指采用最舒适的放松姿势,通过对话,放松肌肉,调节植物性神经系统机能,以缓解赛前动机过强、神经高度紧张、过度兴奋等不良心理状态。

（二）赛中心理训练

1.呼吸调整训练

在比赛过程中,篮球运动员通常会产生紧张的心理,而且会伴随着胸闷气短,呼吸急促、不均匀等症状。这时运动员可采用吸气时肌肉紧张和呼气时肌肉放松相结合的交替呼吸法,达到消除紧张的目的。

2. 集中注意力训练

篮球运动员在比赛过程中遇到观众、裁判、对手等的恶意刺激时，要立即采取适当的方法，转换注意力，排除外界带来的干扰。

3. 思维阻断训练

在比赛过程中，篮球运动员通常会因消极的思维，产生紧张的情绪，并且自己也能够察觉得到，运动员可以采用积极的思维来消除消极的意识。例如，篮球运动员由于开赛后的一次失误而不断出现消极思维时，运动员自身又能够意识到，这时运动员就需要利用各种积极的方法，来消除消极思维的影响。

4. 自我暗示

篮球运动员在比赛时，如果出现情绪不稳定的状况，可以通过自我心理暗示进行调节，如"我要冷静""我一定能够做好这个动作"等，以达到一种稳定的情绪，排除周围环境对自身的影响。

5. 教练员积极暗示

在篮球比赛过程中，教练员应冷静处理场上发生的无法预知的情况，做到临危不乱。篮球运动员在比赛的关键时刻，容易出现紧张的情绪，也通常会向教练员投来探寻和求助的目光。这时教练员的一切身体动作和表情都会向运动员传递暗示。因此，教练员要积极地鼓励篮球运动员。

6. 自我宣泄

在情绪过度紧张的情况下，篮球运动员可通过握拳、擦脸及呼喊等，宣泄紧张情绪，同时配合进行积极的自我暗示，以更好地稳定情绪。

(三)赛后心理训练

1. 放松训练

放松训练是指在比赛结束后，借助于语言暗示，促使篮球运动员更好地放松肌肉，对植物性神经系统的机能进行调节，更好地放松肌肉。

放松训练的具体方法如下。

(1)闭目静坐，全身上下逐级放松。

(2)深呼吸，做到呼吸均匀。

(3)放松20分钟后，慢慢睁开双眼。

每天可以进行 1 ~ 2 次,一般在饭后 2 小时进行。通过这种方法训练能够很好地恢复运动员的心理能量。

2. 冥想训练

在安静的环境中,篮球运动员闭上双眼,平躺,创造轻松的氛围,使注意力能够从紧张的比赛中脱离出来。

3. 激情疏通训练

在结束比赛之后,篮球运动员可以通过书写、谈话等形式来将自己内心的不良情绪合理地宣泄出来,如恼怒、气氛、愤慨等,以使心中的积闷和抑郁得到解除。

4. 弱化兴奋度训练

在结束比赛之后,可以组织愉快、轻松的活动,将激烈的比赛在大脑皮层中所产生的影响消除,更好地缓解大脑疲劳,降低兴奋水平,逐渐恢复正常的心理状态。

第四节　青少年篮球战术教学训练的原则与方法

一、青少年篮球战术教学训练的原则

现代篮球战术的教学训练必须符合现代篮球战术发展的方向,促进青少年战术思想、战术意识的形成和发展,并提高其在运动比赛中对各项战术的实践和运用能力。对于普通青少年而言,篮球的基本战术配合教学训练内容包括两三人的基础配合和全队配合等。在篮球战术教学训练中要使青少年了解人与球移动的路线、攻击点、运用时机及变化等。对于青少年而言,战术教学训练应遵循以下几个原则。

（一）长远性与近期性相结合的原则

篮球队的战术打法的选择和设计要与本队长远的奋斗目标、指导思想联系起来,与阶段性、年度性的训练计划和近期的比赛任务联系起来,促进战术风格和打法的逐步实现。

（二）针对性与优化性相结合的原则

在设计相应的战术时,应有一定的目标,既要考虑攻防,还要使得自身的短处能够得到一定程度的弥补,做到"以己之长攻彼之短"。既要使得各队员的优势得到发挥,还要能够有效制约对方,使得团队成员之间具有良好的配合度。

（三）原则性与机动性相结合的原则

原则性是指在比赛中,球队战术的变化都要以本队的战术打法为主,在此基础上进行灵活的应变。机动性则是指要发挥队员在比赛中的主观能动性,根据比赛中的实际情况来完成相应的战术任务。机动作战要求队员之间相互协作配合,并非个人随心所欲,需要融入战术的原则性之中,以求实效。

（四）连续性与均衡性相结合的原则

所谓连续性,就是要求在设计篮球战术打法时,从整个比赛攻守动态的过程进行分析和考虑。例如,从篮球战术攻守过程的整体出发,在战术开始到结束的转换过程中,关于队员位置的分布与移动的原则、各个环节之间的关系、强侧与弱侧、内线与外线、快与慢等,都要注意攻守的相对平衡,以便于转化;同时还需要注意战术的衔接和变化,以及战术在具体实施中的连续性,使战术合理有序进行。

二、青少年篮球战术教学训练的方法

（一）建立战术概念和掌握战术配合方法

1.建立战术概念的方法

要想建立完整的战术概念,需要从以下两个方面入手。

第一,教师要对具体战术的概念、特点、运用目的、攻守战术之间的矛盾关系等进行讲解,以此来使青少年初步了解篮球的战术概念。

第二,教师要讲解并演示篮球战术的落位阵型、配合方法、配合顺序、移动路线、队员职责、协同行动、变化规律等,以此来使青少年对所学战术的组织形式和战术方法有一定的了解和认识,进而建立完整的战术概念。

教师在讲解和演示篮球战术时,可以通过相应的教学手段来进行教学,比如常用的图示、沙盘、电影、录像等,以使青少年得到直观的知识传授,另外,也可在球场上假设攻守方式,让青少年在实践中体会战术阵型、位置分工、配合方法、移动路线等,从而对青少年的战术思想和战术意识进行有针对性的培养。

2. 掌握全面的战术方法

战术方法的运用在一定程度上影响着教学训练效果,因此,掌握全面的战术方法,并根据实际情况和需要进行有针对性的选择和运用,才能够取得理想的战术运用效果。

(1) 局部战术教学方法

掌握全队战术的重要前提就是对局部战术的掌握。篮球教学训练实践中,教师应以全队战术发展的一般规律为主要依据,把全队战术分解为几个阶段或几个部分,有序地进行重点教学。如学习快攻战术,可以把短传快攻分为发动、接应、推进和结束四个阶段,然后对这四个阶段分别进行局部战术教学。进行局部战术教学,不仅能够使战术的连续性得到有力的保证,而且还能够使战术中的局部问题得到解决,为学生掌握全队战术奠定坚实的基础。

局部战术的教学训练要注意局部与局部之间的衔接,另外,在青少年适时地进行攻守对抗条件下的练习也要引起注意。

(2) 全队战术教学方法

在局部战术配合的基础上,要对全队战术有一定的掌握。篮球教学训练实践中要能够以全队战术要求为依据进行,从消极攻守对抗到积极攻守对抗,对全队战术的配合方法进行较为全面的掌握。

全队战术对青少年的个人技术、局部配合能力、战术意识的要求都相对较高,对青少年在学习中出现的问题要及时地、有针对性地解决,从而使全队战术的质量得到有效的提高。

(二)提高青少年攻守转换和综合运用战术能力的方法

在篮球战术教学训练中,青少年在掌握两个或两个以上的全队攻守战术方法后,就要求教师组织青少年与攻守转换结合起来进行战术组合练习,从而达到使攻守转换的能力和综合运用战术的能力得到有效提高的目的。

1. 攻守转换意识和能力的培养方法

在篮球训练中,要根据进攻和防守的不同情况和时机,选择相应的方式来应对,以此来提高攻守转换能力。赛场的攻守转换必须迅速、流畅。

进行攻守转换练习时,可先组织二攻二守、三攻三守、四攻四守,然后再进行全队的攻防练习。另外,需要注意的是,在练习中不仅要对青少年的攻守转换意识进行培养,同时还要使其攻守转换速度得到有效提高。可在一定条件下进行快速反应训练。

2.提高综合运用战术能力的方法

提高青少年的篮球战术综合运用能力,就是要尽可能地提高学生所掌握的篮球战术的数量,同时要注重各战术方法掌握的质量。只有这样学生才能够在比赛中高质量地运用各种战术方法。

在篮球战术教学训练中,教师应通过教学比赛或课外比赛,让青少年在竞赛实践中对战术方法有进一步的了解和掌握,使他们能根据对手的情况选择和运用适宜的战术,同时,还能在比赛中根据战局变化改变战术打法,使其应变能力得到有效的提高。教师应在比赛前提出要求,帮助青少年进行赛后总结,理论联系实际,达到使青少年的战术水平和战术意识都得到有效提高的目的。

第六章　青少年篮球专项身体素质训练

对于青少年来说,其要学习并进行篮球技术、战术训练,具备良好的身体素质是基础。因此,青少年进行篮球专项身体素质训练是非常重要且必要的。本章主要对青少年篮球专项身体素质中的力量、速度、耐力、柔韧、灵敏等内容及其训练加以阐述,从而促进青少年学生身体素质水平的提升,为技战术的教学与训练奠定坚实的基础。

第一节　力量素质

一、力量素质概述

力量素质是青少年篮球运动中非常重要的身体素质之一,是处于首要位置的,是其他素质的基础,其他素质的提升都是在力量素质提高的基础上进行的。同时,青少年学生或运动员力量素质的提升,也能有效推动篮球技术、战术水平的提升。力量素质的发展,对于防止肌肉拉伤和意外事故的发生具有预防作用,对提高心理素质、增强拼搏精神具有保障作用。

（一）力量素质的种类

1. 最大力量

最大力量是指肌肉在随意一次性最大程度收缩中,神经肌肉系统所能够产生的最大的力。比赛中运动者的最大力量往往表现为可能克服和排除的外阻力的大小。由于运动者的最大力量并不是一成不变的,而是常常处于动态变化之中,这就要求运动者不断发掘自身能力的极限,充分发挥自己的最大力量,以保证力量训练的效果。

2. 速度力量

速度力量就是指肌肉在运动时快速克服阻力的能力,也被称为快速力量。这种能力在很多运动项目中是处于决定性影响的地位的。速度力量的形式有很多种,其中,较为特殊且典型的有爆发力、起动力和弹跳力。在青少年篮球运动中,体现得较为显著的是弹跳力。后面对弹跳力及其训练进行详细分析和阐述,此处不再赘述。

3. 力量耐力

运动时肌肉长时间克服阻力的能力,就是所谓的力量耐力素质。一般来说,阻力与运动时间是呈负相关的关系的。

(二)力量素质的特征

青少年篮球中的力量素质,要求必须是全面的、精细的、高素质化的,因为针对的是青少年,在力量素质方面的要求会更加严格和具体。

1. 全面性

对于青少年篮球运动员来说,其在力量素质方面必须做到全面性,这样才能保证其在全面的力量素质的基础上,去发展其他身体素质。具体来说,青少年篮球运动员首先要保证其上肢、下肢、腰背部肌群的发展呈现出均衡性的特点。与此同时,在力量素质的各种形式上也要做到全面性,即使肌肉的爆发力、耐久力、最大力量都有较好发展。

2. 精细化

这里所说的精细化,主要是指技术动作方面。具体来说,青少年篮球运动员技术动作的精细化特征的实现,需要青少年篮球运动员满足两个方面的条件:一个是有敏锐的时空判断能力;另一个是对用力的大小、方向等具体信息有充分的把控能力。

3. 高素质化

青少年本身是社会发展的后备力量,高素质化是其显著特征,这与社会发展的需求是相适应的。通常,青少年篮球运动员的基本素质要求为:身高且敏捷,体格强壮,对抗力强,瞬时输出功率大。在专项运动过程中,力量的冲撞与对抗对比赛争取主动、取得比赛胜利起着很重要的作用。

二、青少年篮球力量素质训练要求

（一）青少年篮球运动员的力量素质要求

在青少年篮球运动中，力量素质是处于基础性地位的，其是青少年篮球运动员专项对抗能力、专项速度、专项技术掌握和完善的基础和保障。

在比赛中，进攻和防守的反应、跳动、加速与拼抢，以及防守与攻击的有效性都受力量素质的影响。篮球对青少年的要求不仅局限于跑得快，还对其在跑动过程中迅速地制动急停提出了较高要求。跑得快的实现，要求具有较强的腿部和足踝掌趾肌肉力量。跑得巧，要求必须具备迅速改变方向的能力。跑动过程中的急停，则要求必须具备很强的膝踝关节肌群的退让收缩能力。跳投、盖帽、争抢篮板球等动作要求运动员在弹跳力方面有较高的水平，弹跳力是在腿部力量和腰腹力量的基础上提升的，而投篮和传球动作则是借助手臂和指腕力量实现的。

（二）青少年篮球力量素质训练的具体要求

针对青少年篮球力量素质训练，需要提出训练的相关具体要求，以保证理想的训练效果。

1. 要采用最大负荷

青少年篮球力量素质的训练，主要目的是能够充分发挥青少年运动员的最大机体潜能，要达到这一目的，就要求采用的负荷量与强度及在完成每一组和每一次所承受的力量负荷时，最终使得参加运动的肌肉能够在收缩过程中能达到精疲力竭的程度。

2. 训练要重复进行

青少年运动员在承受大负荷的力量训练中，对其采取的训练形式有非常高的要求，即次数多、组数多且反复、负荷大，由此来保证加大对肌肉的刺激深度。从根本上来说，发展力量素质的目的在于让青少年运动员承受较大负荷，同时，也要不断累积数量，由增加次数或组数的不适应逐渐发展到适应，再增加重量由不适应到适应，最终达到使青少年运动员的力量素质得以发展和提升的目的。

3. 要与青少年篮球运动特点相符

可以从两个方面来理解：一是篮球力量训练过程中应选择与青少年篮球运动技术、结构相一致的动作方法。二是要把青少年运动员的一般运动素质转化为专项力量能力,即跑跳能力和对抗能力。具体来说,要做到以下几点具体要求。

（1）训练要有针对性。青少年篮球运动员的力量素质训练要针对其专项素质弱点,哪方面差就练哪方面,不能盲目地安排力量素质训练,要力求做到区别对待。

（2）青少年篮球运动员的力量素质训练要在一般力量训练的基础上进行。通常,青少年篮球运动员的力量在其20岁左右时达到最佳水平,青少年时的力量训练要以小肌群力量和小负荷徒手力量训练方法为主。较大负荷的力量训练应在16岁左右或以后进行安排。

（3）要制订青少年篮球运动员的力量训练计划,并保证其科学性与可行性。需要注意的是,不同的力量素质能力之间关系密切,既相互区别,又相互联系。

（4）青少年篮球运动员在力量训练过程中,需要注意各肌肉力量之间发展的平衡性。不管是大肌群训练还是小肌群训练,都要足够重视,不可忽视其中一个方面;在训练过程中,更多地采用上下肢训练的方式,但是,腰背肌群的训练也很重要。

（5）要做好专门训练时间的安排工作。首先要根据青少年篮球的专项特点和青少年运动员力量素质的实际情况,组织专门的力量训练,训练的周期要适量,不能过多也不能太少,要注意不同肌群的训练时间应交替循环进行。

三、青少年篮球力量素质训练方法

力量素质训练前,在保持一个良好的身体状态,这是非常重要的。如果身体条件不允许也要进行较大负荷的训练,训练时不能把握好训练量,不仅不能达到训练的效果,而且还会给机体造成不良的影响。力量素质训练前,要做好充分的准备活动,将身体充分活动开,这能有效降低运动损伤发生的概率。力量素质训练时,要根据自己的实际情况来合理安排运动训练的负荷,切不能急于求成,盲目训练。

（一）不同身体部位力量素质训练

1.上肢力量训练

（1）卧推。

（2）负重推举。

（3）两人一组，一人侧平举，另一人用力压手腕对抗。

（4）弓身负重，伸屈臂提拉杠铃。

（5）负重伸屈臂。

（6）拍手俯卧撑。双手撑在地面上，左右分开与肩同宽，手臂直立。脚尖触地，身体绷直。手臂弯曲，身体降低，直到胸距地面2.5厘米。双手爆发性地猛推地面，离开地面，在离开地面的最高点拍手。双肘微屈，回到初始位置，重复做10次。

2. 下肢力量训练

（1）双脚障碍跳前进

训练者面对障碍物站立，双脚左右分开，两脚之间的距离与髋部相同，膝关节稍微有些弯曲，手臂放在背后，双肘微屈，双手自然置于腰间。起跳时手臂尽可能快地向前上方摆动，以此来带动身体跳过障碍（图如6-1所示）。

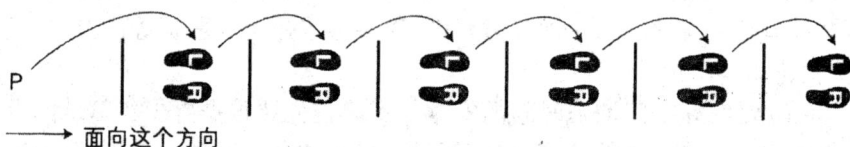

图 6-1

（2）侧面的双脚障碍跳

训练者侧面站立，右肩正对第一个栏架，双脚左右开立与髋部同宽，膝关节微屈，手臂背后，双肘弯曲，双手置于腰间。起跳时手臂尽可能快地向前上方摆动，带动身体跳过每一个障碍（如图6-2所示）。

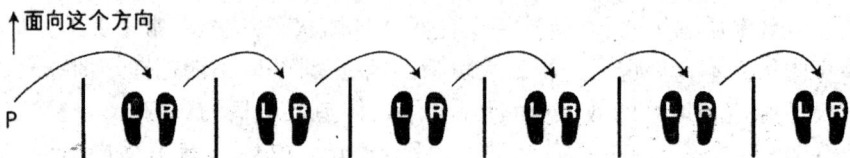

图 6-2

（3）"Z"字形双脚障碍跳

训练者站在右侧，在第一个栏架的中间，面朝栏架，双脚分开与髋部同宽，膝关节微屈，手臂背后，双肘弯曲，双手置于腰间。起跳时手臂尽可能快地向前上方摆动，带动身体尽可能快地以"Z"字形向左向右的对角跳过每一个栏架（如图6-3所示）。

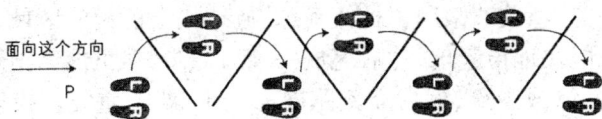

图 6-3

（4）极限跳

在完成连续的跳跃训练过程中，首先要控制落地，记住在每一次跳跃和落地时膝关节要弯曲。

（5）膝关节触胸跳跃

双脚左右开立与髋部同宽，膝关节微屈，手臂背后，双肘弯曲，双手置于髋部。起跳时手臂向前上方摆动，上抬膝关节使之接触到胸部，这样尽量高地重复跳 10 次。

（6）垂直跳

双脚左右开立与髋部同宽，膝关节微屈，手臂背后，双肘弯曲，双手置于髋部。起跳时双臂向前上方摆动，带动身体尽可能高地垂直跳起，这样重复 10 次。

（7）双脚前后跳线训练

面向线站立，双脚左右开立与髋部同宽，膝关节微屈，肘部弯曲接近90°。尽可能快地在线前后跳跃，起跳高度稍低紧贴地面。在线的两侧，以脚触地即做的形式跳跃 10 次。

（8）双腿侧向跳线训练

在线的一侧站立，右肩正对线。双脚左右开立略小于髋部，膝关节微屈，双肘弯曲接近90°。尽可能快地紧贴地面跳跃过线。在线的每一侧，以这种接触即做的形式跳跃 10 次。

3. 腰腹力量训练

（1）可以采用多种仰卧位的训练方法，比如仰卧举腿、挺身等。

（2）利用杠铃负重转体、挺身的方法进行训练。

（3）单、双脚连续左右跳，注意跳的高度有一定要求。

（4）跳起在空中做相关的动作，比如，跳起空中收腹、手打脚、转身、传球或变化动作上篮等。

（二）爆发力和核心力量训练

1. 爆发力训练

（1）双脚起跳大力扣篮或上篮

在每个低位区放置一个球。投篮者站在篮下，面向球场。双脚左右

137

开立与肩同宽,膝关节微屈。抢篮板球、放球人在前面的区域,面向篮筐。投篮者尽可能快地捡起球,然后完成一个后撤步,尽可能高地双脚爆发性跳起,完成扣篮或上篮,然后立刻跑向另一个球,再重复。投篮者从一个区域变换到另一区域,在每一侧完成3～5次的扣篮或上篮。每次投篮后,抢篮板球、放球人便立即抢篮板球并把球放到指定区域。

（2）单脚起跳大力扣篮或上篮

投篮者站在罚球线的右端(右肘处),面向篮筐。传球、抢篮板球者在篮筐的前方区域,面向篮筐持球。投篮者面向篮筐开始,从传球者那得到反弹球,不运球,右脚爆发性地尽量向高跳,右手扣篮或上篮。当传球者抢篮板球时,投篮者立刻跑到罚球线的左端。投篮者转向并跑动接传球者的反弹球,右脚爆发性起跳的同时,左手扣篮或上篮。继续这一训练,在每一侧完成3～5次扣篮或上篮。

2. 核心力量训练

（1）接、掷保健球仰卧起坐训练

屈膝,双脚平放于地面,从坐位开始练习。一名搭档面向你,双手持保健球,站于离你1.2～2米的位置。搭档把保健球掷于你胸前。接球,慢慢下降躯干至地板,然后返回到起始位置。当恢复到起止位置时,胸前双手把保健球传给搭档。

（2）快速触脚训练

平躺于地板上,要求双臂和双腿始终伸直。始终保持双臂和双腿伸直,快速用双手触摸脚尖。切记:在两个动作之间,不能完全把后背恢复到平躺位置。

（3）充分仰卧起坐训练

屈膝,以标准仰卧起坐的姿势躺于地面,只使下后背触到地板,双手放于脑后。收缩腹部肌肉群,使躯干提升,形成与地面垂直的姿势。慢慢恢复到开始位置,整个训练过程中保持双臂不动且始终放松。

（4）负重身体收缩训练

屈膝,以标准仰卧起坐的姿势躺于地面,只使下后背触到地板,双手持一杠铃片或保健球置于胸前。收缩腹部肌肉群,使双肩及上后背提升,与地面呈30°～45°。慢慢恢复到开始位置,整个训练过程中始终将杠铃片或保健球置于胸前。

（5）持保健球,仰卧瑞士球身体收缩训练

后背躺于瑞士球上,屈膝,双脚平放于地面。双臂伸直,双手持一保健球置于脸的正上方。收缩腹部肌肉群,推动下后背挤压瑞士球,同时要注意保持好身体的平衡。保持双臂伸直做腹部屈伸,向天花板方向举高保健球。慢慢恢复到起始位置。

（6）竖腿训练

后背朝下平躺于地面，双手放于髋骨下。双手和双臂应该尽量用力，双手和双臂尽力形成支架，以避免下后背拱起。头和肩微上抬，收缩腹部肌肉群使下后背平抵地面。举腿至脚离地 15 厘米的位置，向胸部方向屈膝，然后再竖直伸直双腿，提升臀部至离地 15 厘米的位置。颠倒训练顺序，降下臀部，恢复双腿至脚离地 15 厘米的位置。

（7）悬垂提膝训练

此训练需要用到引体向上的横杠，双手正握横杠，握距比肩稍宽，双臂伸直，保持躯干放松，双腿自然下垂。向胸部方向提膝，之后在自己的控制下下降双腿，直到伸直。提膝过程结束时脊柱弯曲越充分，调动的腹部肌肉越多。

（8）双腿夹保健球悬垂提膝训练

双手正握横杠，握距比肩稍宽，双臂伸直，保持躯干放松，双腿自然下垂。两膝之间放一保健球。向胸部方向提膝，之后在自己的控制下下降双腿，直到伸直。提膝过程结束时脊柱弯曲越充分，调动的腹部肌肉越多。

（9）单侧骑车训练

平躺于地面，臀部和膝部弯曲呈 90°，双手置于脑后。收缩腹部肌肉群，做一个类似骑自行车的运动，同时移动右肘和左膝使其快速触碰。换左肘和右膝重复上述动作。

（10）持保健球扭转仰卧起坐训练

双腿屈膝，以标准仰卧起坐的姿势躺于地面，只使下后背触到地板，双手胸前持保健球。收缩腹部肌肉群，使双肩及上后背提升，与地面呈 45°～60°，向身体左侧转动躯干，使球触碰左侧臀部处的地板。慢慢恢复到起始位置，向身体右侧转动躯干重复同样的训练。

（11）三向推腿训练

身体平躺于地面，双腿伸直。搭档面向你，双脚在你头部两侧站立。双臂弯曲，双手紧扣搭档的脚踝保持稳定。搭档向前下方推你的双腿。尽可能快地对抗并阻止双腿做下降的运动，使你的双脚不要碰触到地板。然后迅速伸直腿恢复到起始位置。搭档分别向右侧、左侧和中路三个方向推你的双腿，按照此顺序重复下一次训练。

（12）俯卧瑞士球后背伸训练

面部朝下，俯卧于瑞士球上，双脚同高。抬高躯干直到整个身体伸直，并做充分的伸展。之后在自己的控制下下降上半身。

（13）头上、胯下传接保健球训练

两名训练者背向站立，之间距离大约 0.6 米，两脚开立略比髋宽。两名训练者都伸直双臂，置于体前。一名训练者双手持保健球。持球者直臂上举保健球，过头，搭档同时也直臂上举，双手接保健球。搭档接球后，两人立即弯腰，搭档从其胯下向你传球，你则从胯下接搭档的球。接球位置在两名练习者的中线位置。改变传接球的顺序，重复相同的次数。

（14）直腿腹背训练（双脚，单哑铃）

两脚左右开立与髋同宽站立。右手直臂持哑铃，置于右大腿前部。左臂伸直置于体侧。双腿伸直或者微屈，保持直背的同时向前下腰，体前斜下哑铃至左侧脚尖，要求不要转动后背。慢慢地直背恢复到起始位置。要求在哑铃至脚尖时不要撞击地板。

（15）直腿腹背训练（单脚，双哑铃）

两脚左右开立与髋同宽，右脚抬离地面。双手直臂各持一哑铃。左腿伸直或者微屈，保持直背的同时向前下腰，下哑铃至左腿前，右腿后伸直至与地面平行，要求不要转动后背，与臀部持平。慢慢地直背恢复到起始位置。要求在哑铃至脚尖时不要撞击地板。换右脚站立，重复此训练。

（16）俯卧瑞士球对侧起身训练

面部朝下，俯卧于瑞士球上，脚尖触地。同时上抬左腿和右臂至离躯干水平面 5 ~ 15 厘米的位置，坚持 2 ~ 10 秒钟。换右腿和左臂重复此训练。注意在抬起手臂和脚时，尽可能地保持身体伸直。

（17）俯卧两头起训练

直臂前举，双腿伸直，面部朝下，俯卧于地面。双臂伸直并尽力前伸，抬起双肩和双脚至离地 5 ~ 15 厘米的位置，坚持 2 ~ 10 秒钟，之后在自己的控制下落下双肩和双脚。在抬起双肩和双脚时，尽可能地保持身体伸直。

（18）俯卧过度伸展训练

俯卧在一个高的架子或者过度伸展训练机上，双手握住两侧把手。双腿垂直悬垂于地面。保持双腿伸直的前提下上举双腿，直到身体完全伸直。之后在自己的控制下下放双腿至起始位置。

（19）俯卧对侧起训练

直臂前举，双腿伸直，面部朝下，俯卧于地面。同时上抬右腿和左臂至离地 5 ~ 15 厘米的位置，坚持 2 ~ 10 秒钟。换左腿和右臂重复此训练。在抬起手臂和脚时，尽可能地保持身体伸直。

（20）俯卧滑动训练

滑动训练可以在滑动板或篮球场地板上进行。开始时，双膝跪于毛巾或垫子上。双臂伸直,双手置于膝前毛巾上。在整个运动过程中保持双臂伸直,后背和腹部肌肉收紧,在自己的控制下以合理的技术动作向体前滑动毛巾至最大距离。恢复到起始位置。根据后背的松垮程度和肌肉的疼痛程度来决定滑动的距离。

（21）站位单腿屈训练

站于屈腿练习机前,下护垫在脚后跟上侧,上护垫在大腿前。保持大腿碰触上护垫,向臀部方向屈腿,如果可能,使下护垫碰触到臀部。在自己的控制下下落,始终保持大腿触到上护垫。可以先做一条腿的训练,然后再换另一条腿训练或者两条腿交替训练。

（22）直腿下腰胸前提拉训练

双腿左右开立与髋同宽,双手直臂持杠铃于大腿前。双手分开与肩同宽,正握杠铃。直腿站立或微屈膝,保持上体伸直慢慢向前下腰,沿双腿下落杠铃至双脚正上方。注意不要转动后背,当杠铃下降至双脚上方时不要碰触地面。保持后背伸直,慢慢恢复到起始位置。

（23）中握距体前引体向上训练

双手握距比肩稍宽,正手握横杠,身体和双臂伸直悬吊于引体向上横杠上。上拉身体直到下巴碰到横杠。在整个动作过程中,双腿自然伸直,不要向下猛拉身体。慢慢恢复到起始的悬吊位置。

（24）窄握距体前下拉训练

训练者双腿放于大腿护垫下(如护垫可用),上体伸直垂直于地面,坐于下拉练习机上。双手直臂正握拉杆,握距相对较小,同肩宽。垂直下拉拉杆直至下巴下部,在整个过程中躯干保持不动。在自己的控制下恢复到起始位置。

（25）坐姿划船训练

训练者双腿微屈,双脚蹬脚踏板,坐于低位平拉练习机上。上体前倾,双手直臂握住把手。后拉把手至下胸部或腹部,在拉动过程中上体由前倾位变成微后仰位,保持双膝微屈。慢慢恢复到起始位置。

四、青少年篮球弹跳素质训练

弹跳素质,是力量素质的特殊形式之一,也被称为弹跳力,是神经肌肉系统在触地前瞬间被拉长,后再自动(触地)转化为缩短的过程中,以很高的加速度朝相反方向运动使身体产生跃起的能力。

（一）弹跳素质的种类

1. 一般弹跳素质

对于青少年篮球运动员来说，很多其他素质都会影响弹跳素质，主要的有力量素质、速度素质和协调素质等。因此，通过各种途径和方式来提升青少年篮球运动员的力量素质、速度素质和协调素质，都能促进其弹跳素质的提升。

2. 专项弹跳素质

青少年篮球运动员的弹跳素质是在比赛中争取高度和远度，亦即争夺空间控制权的能力。专项弹跳素质是处于基础性地位的。较好的专项弹跳素质有利于取得比赛控制权、发展运动技术、提高战术配合质量，因此，弹跳素质的训练在青少年篮球专项身体素质训练中所占的位置是非常重要的。

（二）弹跳素质的特征

相较于力量素质的另一个特殊形式——爆发力，弹跳力具有一个特殊点，即其具有触地动作过程。一般来说，肌肉拉伸速度越快，肌肉工作的转换越快，起跳的高度则越高。

1. 方向的多维性

在青少年篮球比赛中，青少年运动员的弹跳力表现为具有多维的方向性。青少年运动员在跳起时，首先，必须有突然爆发的特点，在运动方向上，则具有不确定性的特点。具体的方向要与专项技术、战术的需要相符。

2. 快速连续性

青少年篮球运动员的弹跳具有快速连续性的特点。这是由于他们在比赛中，往往需要达到控制球权或者争取空间高度的目的，要达成这一目的，往往需要多次起跳。青少年篮球运动员连续起跳的弹速快慢对抢篮板球、封盖和跳起投篮会产生显著影响。

（三）弹跳素质训练要求

1. 要遵循全面发展的原则

青少年篮球运动员在进行弹跳素质的训练时，要遵循全面发展的原则,主要是指小肌群、肌肉的伸展性和弹性都要有所发展和提升,以此来达到有效改善肌肉协调用力的次序的效果。弹跳力的发展情况,还与上述这些肌群之间的协调配合有着密切的联系,因此,全面协调地发展身体各部位的肌肉力量,增强肌肉爆发力,使各肌群的整体能力提高,对于弹跳素质的发展是至关重要的。

2. 选择适宜的训练方式

青少年篮球运动员弹跳素质训练的开展,需要采用适宜的训练方式,具体是指大强度、少次数、多组数的训练,除此之外,还要注意每组之间的间歇时间,由此,能使青少年运动员起跳用力时能量释放的效力得以改善。

3. 其他注意事项

发展青少年篮球运动员的弹跳素质,需要对以下几个方面事项加以注意。

(1)青少年篮球运动员的弹跳素质的培养要在早期进行,主要采取小肌群的弹跳训练方法。这样做,能够有效改善肌肉用力的协调性。

(2)要注意青少年篮球运动员专项弹跳训练过程中,灵敏和柔韧素质的重要性,这两个方面的训练和提升,对于青少年运动员的身体重心转换能力和控制能力的提升是有帮助的。

(3)篮球专项技术,在青少年篮球弹跳素质训练过程中也是非常重要的,将两者结合起来,能促使青少年篮球专项技术动作与跳起的高度和远度相吻合,融为一体,这就会使完成专项技术动作对争取高度和远度所造成的损耗有所减小。

(四)弹跳素质训练方法

(1)跳绳训练:单摇和双摇跳。可规定时间和次数进行。

(2)单脚跳连续跨跳或蛙跳 28 米若干次。

(3)两脚交替直线向前跨跳和直线向前左、右跨跳。

(4)两人一球,5 米距离,互相跳传。

(5)一人持球在篮下左、右连续跳起投篮,要求在跳到最高点时出手。

(6)向篮板抛球,然后跳起空中补篮,三人一球连续进行。

(7)持球跳起空中连续托球打篮板训练,要求在最高点触球。

(8)原地起跳连续摸篮圈或篮板,行进间跳起摸篮筐,原地上步摸篮筐或篮板。

（9）行进间摸篮筐或篮板接原地起跳摸篮筐或篮板。

（10）向左或右上步断高传球训练，要求跳到最高点断球。

第二节　速度素质

一、速度素质概述

速度素质是区分篮球运动员身体素质的一个重要衡量因素。速度素质是指人的身体（人体的某个部位）进行快速运动的能力。也就是人体或人体某一部位快速做出运动反应、快速完成动作、快速移动的能力。

（一）速度素质的种类

1. 反应速度

反应速度，就是对外界刺激做出快速应变的能力。

2. 动作速度

动作速度，就是快速完成某一动作的能力。

3. 移动速度

移动速度，就是单位时间内运动员通过一定距离的能力。

（二）速度素质的特征

青少年篮球运动员速度素质所表现出的特征，可以大致归纳为以下几点。

1. 训练连续反复

篮球比赛具有直接对抗的特点，是非常激烈的，这就对青少年篮球运动员的速度提出了更高的要求，这样才能完成连续反复的快速冲刺的动作。

2. 感知能力准确

对于青少年篮球运动员来说，他们在进行速度训练过程中，一定要能准确判断复杂的运动过程，熟悉了解并掌握篮球技术动作的时空特征，观察并准确感知对手的动作行为，准确把握球场、球速和个人控制的空间范围等因素。

3.不断变化

从动作结构上来说,青少年篮球运动员的速度素质是不断变化的,主要表现为身体重心低,不断改变运动方向,在短距离内能将最大的速度发挥出来。

二、青少年篮球速度素质训练要求

(一)青少年篮球运动员的速度素质要求

1.要具有显著的专项特点

篮球运动本身就是一项具有激烈对抗的运动项目,在运动过程中,青少年运动员要突破防守,在快跑中还要重视防守动作随机应变,同时还要有高度的稳定性(抗冲撞),因此,就要求青少年的速度必须具有显著的专项性特点,主要表现为应变性、稳定性、隐蔽性和突然性。

青少年篮球运动员的专项速度在很多方面都有所体现:位移速度;反应—起动速度;单个技术动作速度;进攻速度;防守速度;攻防转换速度;防守反击速度;运球速度;传球速度;投放速度等,其中,进攻速度处于灵魂地位,防守速度则处于保障地位。

2.速度素质要与专项比赛的需要相适应

青少年篮球运动员的速度,必须在与比赛快速攻防的要求相符的前提下,才能使技术与战术的正常或超常发挥实现的可能性增加。要达到这一目的,就需要青少年篮球运动员在比赛过程中进行仔细的观察,然后做出准确判断,以适宜的反应来有效提升动作速度的迅速和敏捷程度,使技术、战术的运用更加快速紧凑。

(二)青少年篮球速度素质训练的具体要求

1.将动作频率的发展作为重点

青少年篮球运动员的速度特点是低重心,在没有充分蹬伸的情况下快速移动。在发展速度方面,要将动作频率的发展作为重点。

2.做好速度训练顺序的安排

速度素质的训练,在周期训练计划中要尽可能在前期加以安排,通常会将其安排在力量素质和耐力素质的前面,这样,能使青少年篮球运动员速度素质训练的体能和精神状态都比较好,再加上训练量与强度的保证,最终的训练效果也会较为理想。

3.注重反应速度的培养

应培养青少年篮球运动员对时空特征的反应判断能力,使他们具有良好的反应起动速度。

4.与技术训练相结合

青少年篮球运动员的快速跑动应与技术动作相协调,使他们在运用技术过程中不降低跑动速度,或者降低速度损失。

三、青少年篮球速度素质训练方法

(一)阻力性速度训练

1.斜坡跑训练

（1）斜坡冲刺跑和跨步跑

双腿微屈,两脚前后呈起跑姿势站立,上体微前倾,双臂弯曲90° 置于体侧,一只手置于肩部前,另一只手微微超过臀部。开始跨步跑或冲刺跑时,全力向前上方摆动双臂和膝部,距离较长时做跨步跑,距离较短时做冲刺跑,跨步跑所用速度只占全速的四分之三,而冲刺跑就要求用尽全力。保证正确的跑动技术。

（2）台阶跑

一个台阶跑:起跑姿势站立,上体微前倾,双臂成90° 置于体侧,一只手置于肩部前,另一只手微微超过臀部。尽可能快地用小步跑动作跑每个台阶,用前脚掌着地。

两个台阶跑:双腿微屈,两脚前后呈起跑姿势站立,上体微前倾,双臂弯曲90° ,置于体侧,一只手置于肩部前,另一只手微微超过臀部。尽可能快地每次跑两个台阶,在做跨步或者冲刺时,双臂和膝部尽全力向前上方摆动。距离较长时做跨步跑,距离较短时做冲刺跑,保证正确的跑动技术。

（3）看台跑

单阶跨步跑:双腿微屈,两脚前后站立,上体微前倾,双臂弯曲90° ,置于体侧,一只手置于肩部前,另一只手微微超过臀部。尽可能快地用小步跑动作跑每个台阶,只用前脚掌着地。在做跨步或者冲刺时,双臂和膝关节尽全力向前上方摆动。距离较长时做跨步跑,距离较短时做冲刺跑,保证正确的跑动技术。

双阶跨步跑:双腿微屈,两脚前后站立,上体微前倾,双臂弯曲90°,置于体侧,一只手置于肩部前,另一只手微微超过臀部。尽可能快地每次跑两个台阶,在做跨步或者冲刺时,双臂和膝部尽全力向前上方摆动。距离较长时做跨步跑,距离较短时做冲刺跑,保证正确的跑动技术。

2. 器械阻力训练

(1)借助水阻力训练

可以在游泳池、伤病治疗池、河、湖、海等中进行。借助水进行阻力训练是利用合理正确的跑动技术做全力冲刺的训练,另外可以任意选择五种可变的训练形式:水的深度、穿或不穿悬浮设备、固定或移动、穿的安全带是否固定于墙上、是否是流动的水。在训练的时候,这五种形式都不是必不可少的。水的深度以肩部到颈部的高度(脚触到底部)为宜:脚触到水池底部,站直身体,水到肩部以上颈部以下的高度。在做练习时,头部须始终保持在水面以上。

(2)利用阻力雪橇强化训练

系上安全带,并把安全带连到阻力雪橇上,然后慢慢向前走直到阻力绳微微拉紧。开始时可以在阻力雪橇上放较轻重量的东西。双腿微屈,两脚前后站立,上体微前倾,双臂弯曲90° 置于体侧,一只手置于肩部前,另一只手微微超过臀部。跑动过程中应尽全力向前上方摆动自己的双臂和膝关节,冲过终点线后,在自己的控制下慢慢减速,保证正确的跑动技术。

(3)利用阻力伞训练

系上安全带,并把安全带连到阻力伞上,松开阻力伞以使它容易打开,向前走使阻力伞在背后打开。双腿微屈,两脚前后站立,上体微前倾,双臂弯曲90° 置于体侧,一只手置于肩部前,另一只手微微超过臀部。跑动过程中应尽全力向前上方摆动自己的双臂和膝部,保证正确的跑动技术。

(4)利用阻力背心训练

我们首先推荐选用能利用皮带或拉链把背心紧系于身上的夹克式负重背心,开始的时候可以加较轻重量的东西。双腿微屈,两脚前后呈站立起跑姿势站立,上体稍微前倾,双臂弯曲90° 置于体侧,一只手置于肩部前,另一只手微微超过臀部。跑动过程中应尽全力向前上方摆动双臂和膝部,保证正确的跑动技术。

（二）助力性速度训练

下坡跑训练和利用预拉伸管训练,是两种安全系数较高的训练形式。

1. 下坡跑训练

下坡跑训练的斜坡角度要求 30° 或小于 30°,最好不要在更陡峭的斜坡上做训练。在安全的斜坡表面(草地、沙地、人工草皮或马路),适宜的长度,有一定的缓冲区。冲刺距离控制在 18 ~ 55 米。双腿微屈,两脚前后呈站立起跑姿势站立,上体微前倾,双臂弯曲 90° ,置于体侧,一只手置于肩部前,另一只手微微超过臀部。在从坡顶冲下时,双臂和膝部要求尽力前摆,速度快,且跑动姿势要正确。冲过终点线后,要在自己的控制下慢慢减速。

2. 利用预拉伸管训练

把预拉伸管一端固定(系于一固定物体或者由搭档固定),另一端用安全带系于冲刺者身上。在篮球场或田径场上。距离为 18 ~ 37 米,穿好系上拉伸管的安全带,后退,使拉伸管尽量拉伸到理想的长度。双腿微屈,两脚前后呈站立起跑姿势,上体微前倾,双臂弯曲 90° 置于体侧,一只手置于肩部前面,另一只手微微超过臀部。速度尽量快、保持以正确的跑动姿势冲向拉伸管的固定端,直到拉伸管失去拉力、自己冲过终点线。在自己的控制下慢慢减速。

第三节　耐力素质

一、耐力素质概述

耐力素质是指个体克服工作过程中所产生疲劳的能力。它是体现个体的健康水平或体质强弱的重要标志。耐力素质强的运动者具有更好的克服由于身体活动和肌肉活动而引起的体力上的疲劳的能力,运动者的耐力水平越高,其克服疲劳的能力越好。篮球运动员必须具备很好的耐力素质,才能在比赛中始终保持充沛的精力和旺盛的斗志,才能保证技术、战术水平的正常发挥。

（一）耐力素质的种类

1. 一般耐力素质

一般耐力素质是专项耐力素质的基础。要通过对青少年篮球运动员的摄氧、输氧及用氧能力的提高，来达到提升其一般耐力素质的目的，同时，还要使其保持体内适宜糖原和脂肪的储存量以及提高肌肉、关节、韧带等支撑运动器官对长时间负荷的承受能力。

2. 专项耐力素质

专项耐力素质，就是青少年篮球运动员在比赛中或训练中所规定的时间内，坚持高强度工作的能力。对于青少年篮球运动员来说，其有氧代谢状况、能源物质储存及支撑运动器官对长时间、大强度工作的承受能力等都决定着其无氧耐力水平的高低。运动员在发展专项耐力的训练中，需要特别注意专项总体代谢特点，科学合理地安排训练。

（二）耐力素质的特征

1. 耐力素质的功能特征

篮球对青少年运动员耐力素质的要求，主要体现在速度耐力方面，而这一素质水平是取决于其供能形式的，即糖酵解供能。因此，在安排耐力素质训练时，要重视最大耐乳酸的能力训练，这是最为重要的，其次才是有氧氧化供能形式。糖酵解供能能够有效保证青少年篮球运动员在比赛中保持长时间的快速能力。

2. 耐力素质的机能特征

青少年篮球运动员通常具有身材高、体重大的外形特征，从其内在的身体结构上说，左心室壁较厚，心脏房室的容量大。许多优秀的青少年篮球运动员在安静时，运动性的心跳徐缓、基础代谢率低的情况往往会发生。快速的运动中，在加快心率的同时，每搏射血量较其他运动项目的运动员更大。

二、青少年篮球耐力素质训练要求

（一）青少年篮球运动员的耐力素质要求

青少年篮球比赛强度大、对抗性强，为了保持战斗力，双方在换人方面较为频繁,这些特点都对青少年运动员的耐力素质提出了较高要求。

1. 无氧耐力方面的要求

长时间反复进行短距离的高强度运动的能力,就是所谓的无氧耐力。分析可知,长时间就是指净比赛总时间长;反复则是指反复进行各种急起、急停、跳跃、滑步等动作;短距离的高强度运动是指急起、急停、跳跃、滑步等脚步动作的实际距离较短。总的来说,都可以将这些归于极限、亚极限运动的范畴。

2. 有氧耐力方面的要求

青少年篮球运动的专项耐力素质在很多方面都有所体现,其中,最为主要的是反复进行的短距离、高强度间歇运动的能力的保持上。在青少年篮球比赛中,攻防不断变换,节奏也是变化不停的,这时候,青少年篮球运动员机体所进行的就是有氧代谢。

(二)青少年篮球耐力素质训练的具体要求

1. 明确耐力素质发展的侧重点

在所制订的训练计划中,要将整个训练分为几个阶段,在不同阶段发展耐力素质的侧重点是不同的。比如,准备阶段前期应更多注重将有氧耐力的发展作为重点,准备阶段后期和赛前阶段则应将无氧耐力素质的发展作为重点。

2. 明确耐力素质训练的顺序

对于青少年篮球运动员来说,要训练和提升耐力素质,在训练和发展的顺序上要进行合理安排。一般来说,有氧耐力是需要首先进行训练和发展的,在达到一定的耐力水平后,再采用无氧阈的方法进行训练,使其专项耐力素质水平得到有效提升。

在训练和发展无氧耐力时,不能盲目或者随意而为,正确的做法是以训练目的为依据,有针对性地合理安排运动强度的顺序。

3. 将专项耐力作为重点安排

专项耐力素质,要作为青少年篮球运动员耐力素质训练的重点加以关注。在进行专项耐力素质训练时,训练的强度要增大,就需要在运动量和运动负荷强度上遵循循序渐进的原则来逐渐增加,具体来说,首先要增加运动量,然后才是运动负荷的强度。

4. 保证训练内容的多样性

耐力素质训练效果并不是一朝一夕就能实现的,是需要长年坚持不懈的训练才能达成的,同时,训练内容的多种多样也非常重要,逐步提高对各种新异刺激的适应性,避免因训练内容单调,导致青少年篮球运动员的训练积极性不高,在思想上产生厌倦的情绪。

5. 要保证机体充分恢复

在安排青少年篮球运动员的耐力素质训练时,要遵循的一个重要原则,就是使每次训练后机体充分恢复再安排下一次耐力训练。

三、青少年篮球耐力素质训练方法

(一)无氧耐力训练

(1)短距离跑,常见的有 30 米、60 米、100 米反复冲刺跑,跑的间歇时间可以随着训练水平的提高而逐步缩短。

(2)全场连续防守滑步。

(3)变距快速折返跑。

(4)连续碰板训练,训练的次数可以定为 100 ~ 200 次。

(5)半蹲式原地快速点地跑 1 分钟,训练的组数以 4 ~ 5 组为宜。

(二)有氧耐力训练

1. 一般有氧耐力素质训练

可采用的训练方法有很多,比如,中长跑、越野跑、爬山等。

2. 跑跳训练

2 名运动员分别站在球场的两个篮下,听信号后先跳起摸篮板(圈),然后后退跑至对面球篮,再次跳起摸篮板(圈),并反复 5 趟。

3. 综合训练

各种跑、跳、防守脚步动作、投、突、传、运等动作组成的全场综合训练。

(三)有氧无氧混合耐力训练

(1)全场变速跑训练,训练的距离以 10 圈为宜。

（2）全队人员沿篮球场边线交替排头追逐跑。

（3）连续进行长时间的各种攻守技术训练和全场攻守的比赛。

第四节　柔韧素质

一、柔韧素质概述

柔韧是指运动员关节韧带屈伸旋转的活动范围和肌肉拉长的幅度。篮球运动中，许多技术动作的完成都需要运动者的身体关节和关节的肌肉、肌腱、韧带等软组织具有良好的柔韧性，如此才能完成各种技术动作。发展柔韧素质对篮球技术的掌握和发挥有着积极的促进作用。

（一）柔韧素质的种类

通常，可以将柔韧素质分为一般柔韧素质和专项柔韧素质。这种分类方式在青少年篮球运动中也是常见的。

1. 一般柔韧素质

一般柔韧素质，就是指普遍都能适应的一般身体、技术、战术训练所需要的柔韧素质。

2. 专项柔韧素质

专项柔韧素质，就是指那些与专项相适应的特殊的柔韧素质。青少年篮球运动员在专项技术的掌握与提升上，是必须具备这一素质的。

（二）柔韧素质的特征

篮球运动对青少年运动员的柔韧素质要求是比较高的，这种高要求尤其体现在手指、手腕、肩、腰、踝及腿等部位上。一般来说，青少年篮球运动员的外在特点主要表现为：身材高大、身体健壮、肌肉粗大等。从解剖学的角度上来说，其柔韧素质的特性与普遍意义上的柔韧素质是基本相同的，主要受到对抗肌维持姿势的肌紧张、牵拉性条件反射而引起肌肉收缩的限制，以及神经过程的兴奋与抑制的协调性，对肌肉收缩与舒张（紧张与放松的快速转换）的影响。因此，青少年篮球运动员的柔韧素质的影响因素可以归纳为肌肉、肌腱、韧带、关节囊的弹性这几个方面。

二、青少年篮球柔韧素质训练要求

（一）青少年篮球运动员的柔韧素质要求

青少年篮球运动中，柔韧素质是非常重要的素质之一，其意义主要体现在运动员的关节韧带上，特别是腰、胯、肩、腿、踝关节韧带的韧性强，这是有助于青少年篮球运动员加大实战技术动作的强度、幅度，减少运动员机体受伤概率的。

（二）青少年篮球柔韧素质训练的具体要求

1. 柔韧素质训练要早期专门化

篮球运动本身这个项目对青少年运动员的灵活性、协调性都有着较高的要求，并且运动员身材高大，肌肉健壮。通常，可以从少儿时期就开始注重青少年篮球运动员柔韧素质的训练，最开始可以进行一些改善关节灵活性的训练，有效提升青少年篮球运动员韧带、肌腱的弹性和肌肉的伸展性。由于青少年的软组织还处于良好的发展阶段，质量较好，如果能较早地进行柔韧素质的训练，所得出的训练效果往往是事半功倍的。

2. 柔韧素质训练要持之以恒

柔韧素质通常会被忽视，青少年篮球运动员也认为不用训练，这是不正确的。如果不进行柔韧素质的训练，随着年龄的增长，身体的柔韧性会大大下降，在这样的情况下，青少年篮球运动员要想继续保持自身良好的柔韧素质，是需要长期艰苦的努力才能实现的。

3. 柔韧素质训练要与其他素质结合进行

由于柔韧素质还受力量素质、耐力素质的影响，因此，青少年篮球运动员在训练柔韧素质时，还要与其他素质相结合进行，尤其是力量素质，这两方面素质的有机结合，能使肌肉、韧带柔而不软，韧而不僵，刚劲有力，关节的活动幅度也能达到掌握自如的程度。

三、青少年篮球柔韧素质训练方法

（1）两手手指交叉相握向上伸直，身体向左或向右侧充分伸展。
（2）在地板上做"跨栏步"拉压腿、胯。
（3）两腿前后开立，两脚跟着地做弓箭步向下压腿。

（4）两腿交叉直立，上体前屈手摸脚或地面。

（5）左右弓箭步训练，手放在脚上，连续左、右弓箭步训练。

（6）利用器材或同伴相互间做压肩、拉肩、转肩背和各种压腿拉腰、背及全身伸展训练。

（7）两人背对背站立转体击掌训练。

第五节　灵敏素质

一、灵敏素质概述

灵敏是人体在各种复杂条件下，快速、协调、准确、灵活地完成动作的能力，它是一项综合素质。灵敏素质从其与专项运动关系来看，可分一般灵敏素质和专项灵敏素质。灵敏素质有助于掌握、运用各种复杂技术、战术和提高场上的应变能力，对篮球运动有着重要作用。

（一）灵敏素质的种类

1.一般灵敏素质

一般灵敏素质，就是由力量、反应、速度、协调性等多种素质组合而成的，适用于普遍意义上的运动项目的一种能力。

2.专项灵敏素质

专项灵敏素质，是与专项特点相符的特殊灵敏素质。篮球一般要求躲闪、突然起动、急停、迅速改变身体位置、运球过人、切入、跳起空中投篮、争夺篮板球等方面所表现的灵敏素质。

（二）灵敏素质的特征

对于青少年篮球运动员来说，他们在灵敏素质上有着自身的显著特征，具体表现如下。

1.精确性高，动作反应快

对于青少年篮球运动员来说，其专项灵敏素质的精确性能够将自身运动与周围环境的感知能力充分反映出来，因此，就要求视觉宽阔、目标准确，与此同时，还要有非常快的反应能力。

2.运动时空感觉强

篮球运动的精髓在于灵活性,这就对青少年篮球运动员提出了相应的灵敏要求,即对内在结构及由此而产生的快速与精确性的协调有良好的感觉。另外,青少年篮球运动员如果具有良好的空间感觉,这样,他们对球场上的各个方面都能有准确的感知,对于提高其动作的准确性和精确度有非常积极的意义。

由于青少年篮球运动员个体之间的差异性及其在球场上的职责不同,在灵活性上也有差别。比如,中锋、前锋和后卫的灵活性主要体现在时间和空间上。

二、青少年篮球灵敏素质训练要求

(一)青少年篮球运动员的灵敏素质要求

青少年篮球运动员在灵敏素质方面的要求,可以归纳为快速、协调、准确这几点。这几方面的要求达到了,篮球运动专项的反应迅速、应变能力强的目标才能实现,才能进一步对青少年篮球运动员技术、战术水平的发挥起到促进作用。

(二)青少年篮球灵敏素质训练的具体要求

(1)灵敏素质训练时,由于具有负荷强度较大的特点,要求持续时间不宜过长,因此,应将灵敏素质的训练放在每次精力最充沛的阶段进行,从而保证良好的训练效果。

(2)青少年篮球运动员在灵敏素质方面的训练要有所加强,尤其是速度、柔韧、协调、弹跳等与篮球相关的专项灵敏素质。

(3)青少年篮球运动员的灵敏素质,要求一定要对篮球专项灵敏素质的发展加以重视,并且采取相关措施来加以训练和提升,比如,可以提供更多更好的比赛机会,使青少年运动员在了解运动技术、战术特征的同时,能提升其在复杂的条件下随机应变的能力。

(4)针对篮球运动的专项脚步动作训练也是非常重要的,由此能使运动员身体重心的转换能力得到提升,进而有效提高神经过程的转换速度,这对于各种高难动作的准确完成是非常有帮助的。

三、青少年篮球灵敏素质训练方法

（一）灵敏的基础训练

（1）向侧方大幅度或小步幅快频率交叉跑。

（2）不规则的碎步向前、后、左、右跑。

（3）攻击步向前、向后快速移动。

（4）两点相距 5 米的"8"字形跑，也可结合滑步进行。

（5）左、右移动，见信号起动。

（6）接两次跳转 180° 还原、接两腿交叉还原、接快速原地前后弓箭步跳两次还原。

（二）灵敏的提升训练

1. 六边形训练

用胶带在球场地板上标出一个六边形，每条边长 60 厘米。训练者在六边形中间以正确的准备姿势面朝第一条边站立，并且在整个训练过程中要求训练者始终面朝第一边的方向。两脚跳过第一边，回到六边形中间（如图 6-4 所示），然后跳过第二条边再回到中间，训练者按照顺时针方向依次跳完六条边。按照逆时针方向重复此训练。

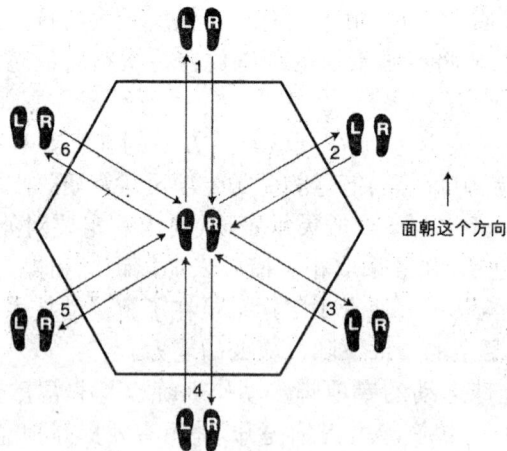

图 6-4

2. 髋部扭转训练

以正确的准备姿势站于梯子一端，左脚在梯子外，右脚在梯子第一格内(如图6-5所示)。按照"正前方、右转、正前方、左转和正前方"的顺序跳完整个梯子。

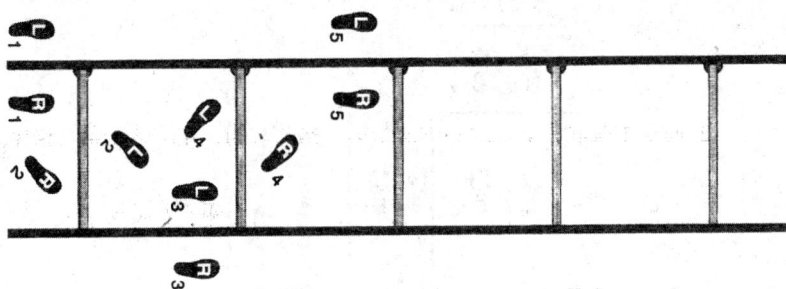

图6-5

3. 滑雪步训练

以正确的准备姿势站于梯子一端,左脚在梯子外,右脚在梯子第一格内(如图6-6所示)。向空中跳起,落地时右脚落于第一格的右侧、左脚落于第二格中央。落地后立即起跳,落地时左脚落于第二格左侧,右脚落于第三格中央。按照"右脚外、左脚内和左脚外、右脚内"的顺序跳完整个梯子。

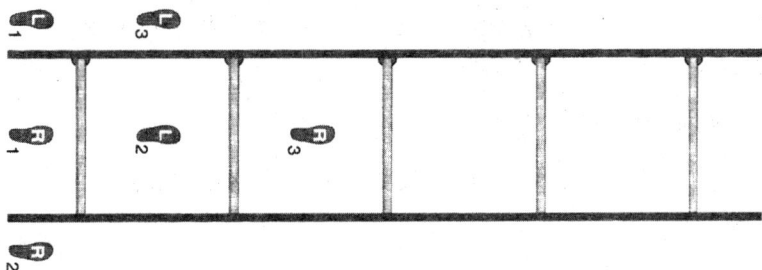

图6-6

4. 跨栏跑训练

(1)三方向跨栏跑训练

摆好10个小栏架(15～25厘米高),栏间距大约1米:2个向前、2个向右、2个向前、2个向左、2个向前。每一个栏架和改变方向后的栏架之间的距离也是1米左右。以正确的准备姿势面朝第一个栏架站立。向前跨过第一组的两个栏架(如图6-7所示)。

(2)斜行跨栏跑训练

按照图中的要求摆好12个小栏架(15～25厘米高),栏间距1米左右:2个向前、2个右斜45°、2个左斜45°、2个右斜45°、2个左斜45°、2个向前。栏间距可以根据不同的需要给予调整。以正确的准备姿势面朝第一个栏架站立。向前跨过第一组的两个栏架(如图 6-8 所示)。

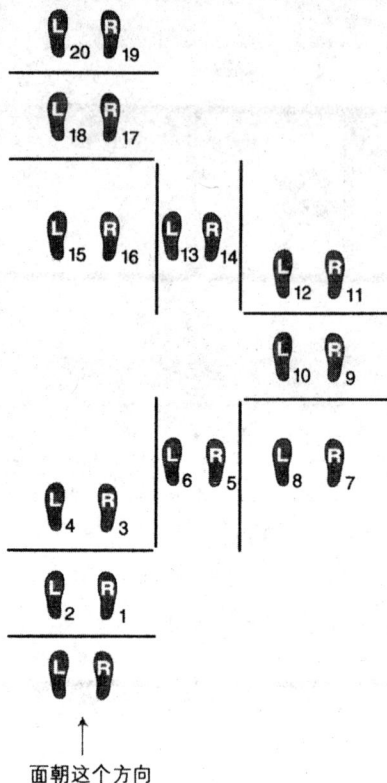

面朝这个方向

图 6-7

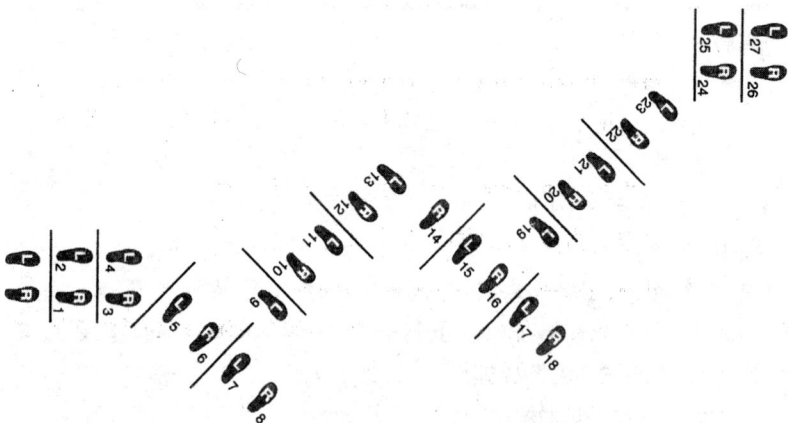

图 6-8

5. 四角训练

训练者以正确的准备姿势,面朝罚球线,站于罚球区中央。迅速跑至第一个标志物,紧接着倒退跑回起点(如图6-9所示)。右侧防守滑步至第二个标志物,紧接着做左侧防守滑步返回起点。倒退跑至第三个标志物,紧接着冲刺跑回起点。左侧防守滑步至第四个标志物,紧接着做右侧防守滑步返回起点。

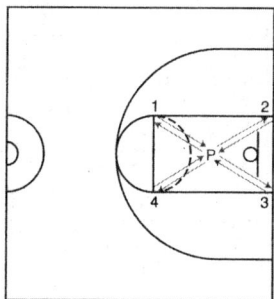

图6-9

6.延伸罚球区域跑训练

(1)加速、减速、倒退、跳跃、滑步训练

从球场左侧边线开始,沿罚球线的延长线,每间隔3英尺(1英尺 =0.3048米)摆放一个标志物,离左侧边线的距离分别是1米、2米、3米、4米。训练者以正确的准备姿势,面朝球场,站于球场左侧底角处。迅速冲刺跑至第一个标志物,然后后退跑至端线(如图6-10所示)。迅速冲刺跑至第二个标志物,然后后退跑至端线。迅速冲刺跑至第三个标志物,然后后退跑至端线。迅速冲刺跑至第四个标志物,然后后退跑至罚球区的左侧外角处。尽可能高地跳起一次,然后沿端线右侧滑步至罚球区右侧边线,再做左侧滑步至罚球区左侧边线。在跑动过程中不能撞到标志物。

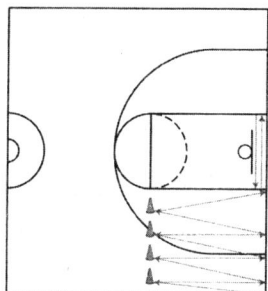

图6-10

(2)五点 Close Out 训练

沿三分线均匀摆放5个标志物。训练者以正确的准备姿势,面朝球场,站于篮筐底下。迅速冲刺跑至第一个标志物,急停,然后倒退跑回至始位置(如图6-11所示)。按照同样的要求依次跑完第二、第三、第四、第五个标志物。

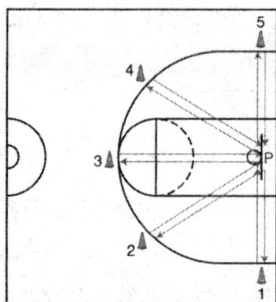

图 6-11

7. 全场跑训练

（1）绕圈跑训练

训练者以正确的准备姿势,面朝球场,站于罚球区右侧边线与端线的交点处。沿罚球区右侧边线迅速跑至第一个跳球圈,并逆时针绕跑一圈（如图6-12所示）。迅速跑至中场跳球圈左侧,并顺时针绕跑一圈。继续跑至另一侧跳球圈右侧,并逆时针绕跑一圈,然后冲至端线结束。从另一侧按原路线返回,方向正好相反。

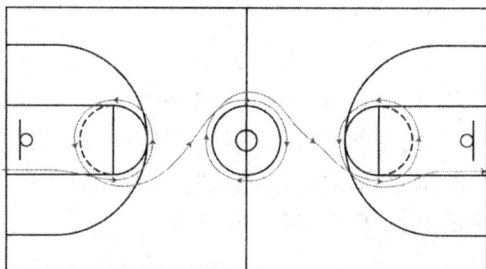

图 6-12

（2）快速冲刺灵敏训练

3个标志物交错摆放,1个放于右侧边线的中点处,另外2个分别放于左右两侧半场的中心。训练者以正确的准备姿势,面朝球场,站于右侧场角。以尽可能快的速度迅速绕过3个标志物,最后冲至球场另一端的同侧场角。

第七章　青少年篮球意识及培养

在青少年综合素质的培养中，体能、心理、技战术等都是非常重要的方面，这几个方面对篮球运动员篮球运动能力的提升具有重要的影响。因此，在平时的训练中要着重培养。但是，青少年篮球运动素质的培养绝不仅仅局限于以上几个方面。除此之外，篮球意识的培养也是非常重要的。倘若青少年具备良好的篮球意识，他们在平时的篮球训练中就能取得事半功倍的效果。所以说，篮球意识是青少年篮球运动能力提高的重要基础，在日常篮球学习与训练中也要有意识地加强青少年篮球意识的培养和训练。

第一节　篮球意识概述

篮球意识对于运动员能力的提高和运动成绩的获得都非常重要，因此，青少年运动员要充分理解篮球意识的概念与内涵，在平时的训练中有意识地加强这方面能力的培养。

一、篮球意识的概念与分类

（一）篮球意识的概念

篮球意识是指篮球运动员从事篮球实践活动中经过大脑积极的思维过程而产生的一种正确反映篮球运动规律性的特殊机能和能力。篮球意识的形成具有一定的规律性，需通过较长时间科学的、系统的理论学习与实战训练，经历无数次错误的行为尝试后汲取经验，才能形成正确的预判意识。简单来说，它是篮球运动员对篮球比赛规律客观现实的主观反映。篮球运动员篮球意识的高低会对运动员的各方面素质产生深刻的影响。

（二）篮球意识的分类

篮球意识可分为进攻意识和防守意识。

1. 篮球进攻意识

进攻的技战术是篮球比赛赢球的重要手段。球员的进攻意识强，会大大提高比赛获胜的概率。所以，在青少年篮球训练中，强化球员的进攻意识尤为重要。篮球进攻意识包括移动跑位意识、传接球意识和投篮意识。

（1）移动跑位意识：首先应让球员明确自己的位置特点、进攻范围、任务、移动路线等。让球员在移动之前，便快速思考自己的行动目的是否合理，而不是盲目地乱动。对于篮球意识薄弱的青少年运动员，应告诉他们：尽量摆脱防守向靠近篮下的区域移动，给对手造成威胁；要在自己攻击性最强的区域，使用最擅长的手段发动攻击；将对手带到不利的位置，从对手最弱的区域进行进攻；通过自己的移动，帮助同伴获得进攻机会等简单实用的篮球移动意识。

（2）传接球意识：篮球运动是团队游戏。比赛中，场上五名球员通过球的转移相互联系，利用良好的团队配合克敌制胜。球员应随时随地注意同伴传来的球，选择进攻，或将球传给机会更好的同伴。灵活多变的传接球，不断改变进攻方向，积极寻找对手防守漏洞，攻破其防守布阵。传接球意识是衡量一支球队整体配合意识高低的重要标准，流畅的传接球也能提高比赛的观赏性。

（3）投篮意识：篮球比赛是以哪方进球的多少来计分确定胜负，投篮是篮球比赛唯一的得分方式，因此培养投篮意识至关重要。投篮意识是指球员在比赛中合理地、不失时机地，利用正确的投篮方式完成投篮得分。投篮意识的好坏会影响投篮的命中率。

2. 篮球防守意识

在培养青少年篮球进攻意识时，不能忽略防守意识的培养。防守意识包括坚韧不拔的防守意志，防守的预判、合作防守意识等。为实现此目标，可以从以下几方面进行训练。

（1）对运动员提出顽强防守作风的要求，使运动员建立坚韧防守训练的目的和概念。例如，训练中设置复杂程度不等的，由小到大的困难，使运动员在克服困难完成目标的过程中磨炼意志；还可以在疲劳状态下，或极限环境下训练，这些都有利于培养运动员坚韧不拔的防守意识。

（2）要让运动员清楚,通过提前抢占有利防守位置,紧贴进攻队员,使其在进攻时不能做习惯和擅长的进攻动作,并封锁传球角度和路线,逼迫将球传到本方防守有利的区域,迫使其失误。提高运动员的防守预判意识,防守就可以事半功倍。

二、培养篮球意识的意义与价值

(一)培养青少年篮球意识的意义

青少年的篮球意识好不好,通过比赛可以一目了然,如果青少年缺乏一定的篮球意识,那么在比赛中就会出现运球节奏差、传接球不流畅、投篮命中率低、跑动不积极、防守易犯规等情况。而在训练中接受过篮球意识方面训练的青少年,在比赛中便会发挥稳定,并能合理有效地运用各种运动技术,球打得也就轻松。

1. 培养青少年篮球意识的必要性

意识是队员比赛时的灵魂,如人的大脑,是球员在比赛时的指挥中心。意识与队员的技战术水平、智力能力相适应,意识的强弱,是衡量一个队员篮球运动水平高低的重要标志。

2. 培养篮球战术意识的必须性

篮球比赛是速度与激情的展示、团队与智慧的较量,而且比赛过程瞬息万变。如果在比赛中缺乏意识,既消耗体力,又往往事倍功半,也就使这项运动失去了原有的魅力。

3. 培养青少年篮球意识的可操作性

青少年随着观察力、注意力、思维能力的发展和技术动作、技战术水平的提高,已经不满足于技术动作、技战术的练习,如运球、传接球、投篮练习、战术的模拟训练等,更倾向于进行比赛与实战,更倾向于将学到的技术动作和技战术进行应用。

4. 培养青少年篮球意识的可行性

有意识的技战术,才具有实际意义。比如,在快攻中有跑位意识,才能跑出快攻位置;在抢篮板时有快攻意识,才能第一时间将球传到下一个快攻队员的手中,否则贻误战机,就会失去快攻的机会。

篮球运动员在参加比赛的过程中,不仅需要良好的体能与技能,还要具备良好的篮球意识,因为比赛中各种技战术的发挥都有赖于良好的篮球意识。只有具备了良好的篮球意识,篮球运动员才能在赛场上灵活地应对各种突发状况,使比赛向着有利于本方的方向发展。

(二)篮球意识的价值

篮球意识可以说是篮球运动的主观意识,这一主观意识对运动员在比赛中做出各种反应动作有非常大的帮助。总体而言,篮球意识的作用主要体现在以下两个方面。

1. 支配性作用

人的意识主要受大脑的支配,在大脑的支配下,人的身体做出各种反应,长此以往就会形成一定的意识和技能,这种意识和技能具有较强的能动性。良好的篮球意识对于运动员参加比赛具有重要的帮助,它能帮助运动员采取恰当的运动行为,帮助运动员完成高质量的技术动作。由此可见,意识在篮球运动员的运动训练和比赛中起着一定的支配性作用。

2. 行动选择性作用

篮球比赛是始终处于不断发展和变化之中的,其中存在着大量的未知因素和突发状况,总之,篮球比赛中充满了大量的不可预测性。为应对比赛中的各种突发状况,就需要运动员充分发挥自己的聪明才智做出及时合理的选择,也就是必须要有一定的主观能动性,能审时度势地分析场上局势,采取合理的技战术行动。这些技战术行动及各种行为的转变都是在篮球意识的支配下进行的,属于一种有选择性的行为,所以说篮球意识具有一定的行动选择性作用。[①]因此,在青少年平时的学习和训练中要加强篮球意识的培养和提高。

三、篮球意识形成的原因及影响因素

(一)篮球意识形成的原因

篮球意识的形成是有一定的原因的,这一原因突出表现在主观和客观两个方面。

1. 主观原因

篮球运动员良好的意识是参加训练和比赛的重要基础,篮球意识的

---

① 陆守亚.论篮球运动员"篮球意识"的培养[J].文体用品与科技,2019(22):52-53.

内涵非常丰富,属于专项知识、身体素质、心理素质、智能素质及技战术等能力的综合。这些要素都是必不可少的,缺少了任何一项都无法形成良好的篮球意识。^①因此,青少年运动员必须具备全面的专项知识,才能进一步提升篮球意识,在提高运动员篮球意识的过程中,要将运动员体能、心理、智力、技战术等素质的发展结合起来进行,这些因素之间有着非常密切的关系,相互影响、相互促进,因此要将其看成一个整体。

2. 客观原因

篮球意识的建立和形成需要一个长期的过程,是在大量的训练和比赛实践中形成的。而在训练和比赛中又存在着大量的不稳定因素,因此青少年运动员篮球意识的培养也会受到一定的影响。如教练员水平的高低会在一定程度上影响运动员篮球意识的形成,而运动员本身的素质和能力也会对篮球意识的形成产生重要的影响。除此之外,篮球属于一项集体项目,因此相对于个人项目,会存在更多不稳定的复杂的客观因素,这些因素都在很大程度上影响着运动员篮球意识的培养,因此一定要引起重视。

(二)影响篮球意识形成的因素

大量的实践充分表明,影响篮球意识形成的因素有很多,其中感知、注意、思维、记忆、行动、反馈等是较为重要的因素。这些因素对于培养运动员的篮球意识具有重要的意义和作用。

1. 感知和注意

在篮球比赛中,受各种因素的影响会出现各种突发状况,运动员要能及时感知场上的各种变化并做出合理的判断和行动。在具体的训练和比赛中,运动员通过各种感觉器官的利用能充分感知比赛中的各种信息,从而采取各种战术行动。在运动员各种感知觉系统中,视察感觉是最为重要的因素,也就是说,运动员必须要具备良好的视野观察能力,这样才能正确分析比赛中的各种信息,采取正确的战术行为。

运动员的注意指向主要受主观意向的指引。主观意向就是在比赛攻守目标的控制下,决定注意对有关信息进行取舍的评价体系。一名优秀的篮球运动员必须要具备良好的观察能力,以及比赛中对有效信息的捕捉能力。这两方面的能力都与运动员的意识有着极为密切的关系。一名

---

① 陆守亚.论篮球运动员"篮球意识"的培养[J].文体用品与科技,2019(22):52-53.

出色的篮球运动员必须要具备良好的专门性知觉和基本功,这是建立和提高篮球意识的重要基础,在平时的训练中一定要引起重视,并将其作为一项重要工作来抓。

2. 记忆与思维

青少年在篮球意识形成与培养的过程中,与记忆和思维有着十分密切的关系。通常来说,人的记忆分为短时记忆和长时记忆两种,短时记忆一般指注意指向所感知到的信息,这些信息在人的头脑中一般会存在很短的时间,然后就会被新的信息所取代。长时记忆是指经过检索被意识到有价值的信息,这些信息可在人的头脑中存在很长的时间,在使用时可随时提取,只有经过深入的学习和训练才能形成长时记忆。对于篮球运动员而言,要尽量形成一定的长时记忆,这样才能形成正确的技战术智能模型,从而提高比赛能力。当运动员形成了长时记忆,在比赛中如果遇到类似的情景时,记忆就会立刻被激活和提取,引导运动员做出合理的战术行为,从而有利于比赛的顺利进行。

3. 行动与反馈

一般来说,篮球运动员在比赛中的行动都是由意向来指引的,意识在其中发挥着非常重要的作用。良好的意识有利于运动员采取合理的战术行动,同样正确的战术行动又反过来推动着运动员篮球意识的提高,这就是篮球意识的行动与反馈,也是影响篮球意识形成的一个重要因素。

四、篮球意识的形成机制

青少年在参加篮球训练或比赛的过程中,不论是参加体能训练还是技战术训练,其中都蕴藏着一定的意识,可以说,意识的培养和提高是贯穿于训练和比赛的始终的。一般来说,运动员篮球意识的形成与发展主要表现在意识和行动的相互促进这一方面。首先,篮球属于一项集体性运动项目,要想获得比赛的胜利,团队配合非常重要,运动员要建立必要的团队意识,要意识到自己在对抗中所处的位置,只有具备了良好的意识,才能采取正确而合理的行动。其次,意识是意向指引下的一种积极行动。在训练或比赛中,运动员都会根据场上的具体情况做出一定的判断,在这一判断的指引下采取行动。当所采取的行动奏效时,其篮球意识会得到一定的提高。篮球意识的形成过程包括以下几个方面。

（一）在实践中感知

在篮球比赛中,运动员拥有良好的感知是非常重要的,可以说,没有良好感知的运动员就无法产生一定的意向和思维,不利于运动员做出合理的判断。通常情况下,运动员通过视觉观察获得比赛的各种信息,然后才能对这些信息做进一步的分析。大部分的优秀篮球运动员都具有出色的视野范围,也就是我们平时所说的大局观。篮球比赛涵盖的内容信息非常之多,不可能所有的信息都能被运动员所感知,运动员只会感知并分析比赛中的重要信息和关键信息,然后做出合理的判断,采取合理的战术行为。通常情况下,与目标意义关联度较高的信息容易被运动员观察到,反之则不容易被观察到。在篮球比赛中,运动员通过自己的感知经验,首先感知自己视野内的攻守对抗信息,而忽略那些与目标关联度不高的信息。这样能提高运动员的集中注意力,从而采取合理的战术行为去参加比赛。

（二）在对抗中随机应变

篮球比赛场上变化莫测,情况瞬息万变,要想适应比赛中的各种变化,运动员就必须要具备良好的思维与决策行动,能时刻意识到各种情况的发展和变化,在短时间内瞬间完成对比赛情况的分析、综合等思维过程,从而根据场上具体形势做出合理的决策。作为一名优秀的篮球运动员,要准确地把握比赛场上的变化情况,做出大胆、果断的行动,使比赛形势朝着有利于本方的方向发展。做出合理的判断并及时采取有针对性的行动并不是一件容易的事情,这需要运动员长期的训练积累。因此在平时的训练中,一定要重视运动员篮球意识的培养。

（三）做出及时合理的反应

作为一名出色的篮球运动员,必须要具备良好的篮球意识,这样才能在复杂的比赛局势下选择合理的战术,获取比赛的主动权。因此,比赛中运动员行动的合理性是判断其篮球意识水平的一个重要标志。可以说,运动员在比赛中的行动都离不开意识的主导,只有在良好的意识指导下,运动员才能采取合理的战术行动,在无意识或错误意识的指引下进行活动往往会导致失败,因此在平时的训练和比赛中,运动员一定要重视篮球意识的培养和提高。总的来说,在篮球比赛中,运动员能否做出及时合理的行动应答预示着其篮球意识水平的高低。

（四）评价效果并反馈

篮球比赛的竞争异常激烈，运动员在比赛中的各种行动与篮球意识之间有着极为密切的关系。只有具备良好的篮球意识才能做出合理的战术选择。运动员的各种技术动作都是在无意识的情况下进行的，在比赛过程中，运动员往往意识不到行动的过程，而行动的结果却与意识活动有着密切的关系。从某种程度上而言，运动员的意识水平决定着行动的成败。

通过大量的训练和比赛，运动员头脑中逐渐形成了一个关于意识行动的智能评价模型，通过这一模型，运动员能够判断出所采取的行动是有效的还是无效的。由此可见，这一评价与运动员的行动是密切联系在一起的。一个有效的行动能在很大程度上强化运动员的篮球意识，促进其篮球意识水平的提升，而无效的行动也能在一定程度上修正行动智能模型，为运动员今后的行动积累经验，提供依据。

第二节 青少年篮球意识的培养途径与训练方法

一、青少年篮球意识培养的现状

篮球运动是当今重要的体育项目，开展广泛。青少年参与篮球运动的积极性较高，也有着一定的技战术素养，但是在篮球比赛中青少年运用篮球技战术的实效性并不理想，精彩的配合较少，进攻生涩，大都是靠个人的身体素质，这里涉及的问题就是篮球意识。青少年篮球意识培养的现状如下。

（一）篮球理论知识匮乏，意志品质有待提高

在篮球比赛中，经常会发生青少年质疑裁判判罚结果的情况，大部分情况是运动员缺乏篮球理论知识、自身意志品质不坚强所造成的。在实践中，不能很好地分析问题、解决问题，从而无法理解和贯彻教练的战术要求。而青少年平时训练时投篮好、传球准，一旦到了比赛中都判若两人；平时训练时配合默契，但比赛中关键时刻却单打独斗、战术混乱就是心理素质和意志品质匮乏的表现。

（二）没有明确的目标，缺乏意识的培养

一支篮球队，首先要有明确的战斗目标；其次要有为之奋斗的优秀篮球运动员；再次要有健全的各项机制做保障。而青少年组队进行篮球运动多没有明确的目标，也对篮球意识不够重视，只偏重于技战术的训练。篮球运动的魅力在于，它是一个团体性很强的项目，篮球意识非常重要。在篮球训练和比赛中，一支缺乏战术意识的培养与训练的球队往往会被有素养的球队打得落花流水，狼狈不堪。

（三）训练不科学，计划不切实际

篮球意识的培养与训练应是一个长期的、复杂的、细致的过程，要根据球队的具体情况，结合本队实际，有目的地、针对性地开展相应的训练。然而，球队的训练计划往往跟不上变化，教练员要根据天气、伤病、学生学习等情况，做一个艰难的权衡，在较短的时间内完成训练。这种短、平、快的训练方式反映的效果就是：攻守转化慢，漏人后不立即全速追防，协防缺乏补防意识，快攻快下时贻误战机，阵地配合盲目乱动，等等。

（四）教练员的理论知识和专项技能有待提升

在青少年篮球的教学和训练中，教练员的水平决定了整个球队的训练水平，他们的素质和能力将对一支球队的运动水平起着直接的决定作用。教练员应该是一个具有较高文化素质和多学科知识的良好智能的教练员。当前教练队伍中，存在着不少未经系统的理论知识学习和训练的专业教练员，或缺乏管理、训练和实践指挥的经验和能力，有些甚至是非专业的教练带队的情况。

二、青少年篮球意识培养的途径

（一）以青少年为本，提高其意识训练兴趣

在青少年实际的篮球训练中，相关篮球教师应当进一步为青少年详细地讲解关于在篮球比赛中形成篮球意识及其重要性的内容，那么教师就可以通过组织青少年观看一些经典的篮球比赛视频来有针对性地分析和研究篮球运动员在比赛、团队配合及各种技术技巧方面的展示。除此之外，在篮球教学训练方面，篮球教师也要积极地应用多样化的教学手段，以显著地提升大学生的训练兴趣。

（二）加强理论知识学习，提高篮球文化水平

文化、智力水平低，对运动训练的科学原理、篮球发展趋势和比赛的规律就很难理解。比赛时，在技术运用上就会缺少灵活性和预见性。培养和增强大学生篮球意识，教师一定要从学习篮球理论基础知识着手，让大学生们能够对篮球的文化、比赛规则及战术手段相关知识等有着详细的了解和认识。必须坚持不懈地紧抓青少年篮球运动员的文化课程和篮球专项理论的学习，不断促进其自身智力发展，培育篮球运动员在临场比赛中发挥智能，以此提高其观察能力、视觉范围和判断能力。只有充分地认识到篮球运动的规律，了解当代篮球运动的现状和发展趋势，才能合理利用篮球运动的攻防技巧，找到对付各种攻防配合的方法，从而增强意识。

总体来看，我国青少年篮球意识的培养是比较欠缺的，为培养和增强青少年的篮球意识，必须要重视青少年的基础文化知识和基础的相关科技知识的学习。通常来说，具有良好的篮球意识的运动员，其抽象思维能力及单独处理问题的能力也是比较强的。而篮球意识的增强在一定程度上依赖于运动员的文化知识水平，因此在平时的训练中还要加强运动员文化素质的培养和提高，要通过大量的比赛和训练提高运动员的智力水平，使运动员不仅具备高超的智商，同时还要具备良好的球商，这样才有利于提高运动员的综合能力。除此之外，教练员在平时的训练中也要选择一些经典的篮球比赛案例对青少年进行有针对性的培养，努力提高运动员的抽象思维能力，这也是促进青少年篮球意识增强的一个重要途径。

（三）重视技术训练，并与意识训练相结合

大量的事实表明，在技术训练中培养青少年的篮球意识是一个重要途径。在技术训练中，要重视以下几点，以增强青少年的篮球意识。

1.培养青少年的观察能力

运动员在篮球比赛中各种技术动作的变化，首先取决于观察。为此，在技术训练初期就要加强运动员观察能力的培养。

发展到现在，篮球比赛的对抗越来越激烈，运动员要根据场上形势的发展和变化采取合理的应对方法，获取比赛的主动权。在比赛中，运动员要具备良好的视野及良好的观察能力。为培养这样一种能力，运动员需要在平时的训练中养成用眼睛的余光来观察比赛的能力。如运动员在练习篮球运球技术时，在运球的同时要运用眼睛的余光去观察周围队友的

位置及防守球员的站位,充分了解对方的意图,不能只盯住球不动。在训练和比赛中有效地培养运动员的这种观察能力,教练员要给予一定的重视。

2.培养分析与判断的能力

运动员在篮球比赛中所运用的各种技术都有一定的特点及标准,而其中的每一种技术都有相应的战术价值。在训练和比赛中培养运动员分析与判断比赛的能力也是提高运动员篮球意识的重要手段。

在篮球技术训练中,教练员要结合个体的实际情况培养和提高运动员的个性素质,这有助于培养和提高运动员的篮球意识。通过技术训练,能在一定程度上强化运动员的技术运用范围、条件及变化规律,从而为运动员适应比赛奠定良好的基础。与此同时,在技术训练或比赛中培养运动员判断与分析比赛的能力,还能有效增强其篮球意识。

在基本技术训练的时候,不能孤立地只进行篮球技术训练,也不能单独地进行篮球意识的训练,应该将二者相结合并且合理地运用在比赛当中,进一步促进青少年形成良好的篮球意识。例如,当教师为青少年教学投篮练习的时候,教师一定要在训练的过程中合理地融合攻守意识的教学。那么,当教师在为青少年们教学训练攻守组合技术的时候,也需要让青少年在训练过程中养成一种良好的攻守转换的意识,只有这样才能显著地提升青少年正确运用技术的能力及合理运用技术的基本意识。

(四)强化战术思维和战术训练,有效融合意识训练

篮球意识是运动员心理与思维、技术与战术水平的综合体现,表现为运动员在紧张、激烈、瞬息万变的篮球比赛中迅速选择战术和合理运用技术的瞬时决断能力。运动员如果不会运用战术思维活动去发挥和调节自己的行动,只凭自己的意愿或一股冲劲儿去应付比赛中千变万化的情况,其结果必然是被对方所制约。因此在战术训练中,要不断强化队员的意识,使其理解并运用既定战术,练习临场随机应变的能力,发挥其在各自位置上的作用。

篮球意识不能孤立地训练和存在,它应贯穿于整个基础训练的过程。在诸如基础的防守脚步、掩护配合、策应配合等战术训练中,没有在正确的时间出现在合理的位置上,就是篮球意识上出现了问题。在基础训练中培养运动员的篮球意识,让队员不仅仅只是完成一个训练项目或任务,而是深刻认识到其运动规律,合理地运用技术动作,与队友之间建立"化学反应",从而取得比赛的胜利。

（五）提高教练员自身水平，发挥教练员主导作用

要培养青少年的篮球意识，教练员要不断提高其自身水平，了解篮球意识的相关知识，并不断更新。在此基础上，教练员要起到主导作用，将篮球意识的培养贯穿于每次训练课之中。在实施训练过程中，教练员要把篮球运动的基本规律、本质特点、关键环节等用形象正确的示范、准确简明的讲解传达给青少年，使他们明确在不同情况下不同位置的具体要求；同时对训练中出现的问题要及时发现，准确地指出并加以解决，从而不断提高运动员的战术意识。

三、青少年篮球意识训练的方法

篮球运动员意识训练也是一项非常重要的工作，在训练的过程中也要讲究方式和方法。通常来说，常用的篮球意识训练的方法主要有以下几种。

（一）技能训练与理论知识学习相结合

很长一段时间以来，学训矛盾都是一个重要的矛盾，直至今天，这一矛盾仍没有解决好。为更加合理地解决这一矛盾，就需要结合具体实际条件制订一个合理的计划，这一计划涵盖的内容非常多，其中战术意识的培养是必不可少的内容，这在以往是比较欠缺的。另外，为促进青少年运动员的全面发展，还不能忽略了文化知识的学习，要将技能训练与文化知识的学习结合起来进行，这样才能培养出高素质的篮球运动人才。

（二）以赛代练，提高运动员临场应变能力

青少年篮球意识的培养和增强，仅仅依靠训练是远远不够的，还需要通过大量的比赛去实践和检验。通过参加大量的篮球比赛，运动员在提升自身运动能力的同时，还能锻炼自己面对复杂情况处理问题的能力。除此之外，适当的比赛还有利于检验训练成果，提高青少年篮球运动员训练的积极性，增加比赛经验，从而促使其篮球意识水平得到有效提升。①

---

① 周磊.浅析青少年篮球战术意识的培养[J].体育风尚，2019（12）：78.

（三）注重运动员篮球技战术训练的规范性和合理性

在平时的训练中,教练员一定要指导青少年运动员进行规范而合理的技战术训练,这会对运动员以后的发展产生至关重要的影响。通过科学且规范的训练,运动员能够切实看到自己的训练成效,增强训练的信心,提升自己的意志品质。

一般情况下,篮球运动员技术动作的学习主要分为三个阶段,即泛化阶段、分化阶段和自动化阶段。每一个阶段训练的内容都是不同的,由于青少年自身的身体素质不同,因此在训练时要结合运动员的具体实际进行,要灵活地安排训练内容,符合青少年篮球运动员的切身实际。

（四）努力提高青少年运动员的观察判断能力

篮球比赛充满了对抗和竞争,在比赛中时常会发生一些摩擦等类似的情况,这是不可避免的。当发生突发状况时,运动员要能够灵活地运用各种既定的战术,采取正确的战术行动。为提高运动员的这一能力,应在日常训练中启发运动员善于观察判断,帮助其提高独立思考的能力,久而久之,篮球运动员的意识水平就能得到有效提升。

第三节　青少年篮球意识的科学评定

一、篮球意识评定的意义和作用

（一）篮球意识评定的意义

在传统的观念下,人们普遍认为篮球意识的培养是自然成长的,并不一定要对运动员施加相关行为,也就是说,不需要展开有针对性的培养和增强。这一观念是非常错误的。在新的时代背景下,我们要转变这种错误的思想观念,要积极主动地采取各种手段和措施有计划、有步骤地培养青少年的篮球意识,逐步增强其篮球意识。为了更好地培养和增强青少年的篮球意识,就需要对其意识水平做出客观的评定,然后根据反馈信息及时调整培养方案。这对于青少年篮球意识的培养和增强具有积极的意义。

总体而言,青少年篮球意识的评定具有以下几个方面的意义。

第一,通过青少年篮球意识的评定,能帮助教练员有效地控制意识训练过程,提高运动训练的质量和效果。

第二,通过青少年篮球意识的评定,能帮助青少年发现篮球意识培养中存在的各种问题,从而为今后的篮球意识的培养展开有针对性的培养和训练。

第三,教练员通过青少年篮球意识的反馈信息,能更加有效地培养青少年的篮球意识。

总之,通过青少年篮球运动员意识的评定能帮助教练员客观地、合理地调节和控制篮球意识的训练过程,使青少年篮球意识的培养具有极强的针对性,能促使青少年篮球意识得到质的飞跃。

(二)篮球意识评定的作用

在篮球比赛中,篮球意识出色的球员,在进攻端往往会具有较强的侵略性,同时还具备良好的防守能力,可以说是攻防并重。因此,加强青少年篮球运动员意识的培养至关重要。当今社会,篮球运动获得了高度发展,篮球运动员的能力不仅仅表现在技术层面,还表现在是否具有良好的篮球意识上,也就是我们通常所说的球商。只有具备良好的球商,运动员才能有效提升自身的篮球技能。

目前,我国比较缺乏高素质的篮球后备人才,后备人才质量的高低将在很大程度上影响我国篮球运动的发展。因此一定要高度重视篮球运动员的选材工作。发展到现在,单单体能和技术方面的优秀已经不能满足于篮球运动的发展和选材的需求,篮球意识的评测成为篮球运动员选材的一项重要标准。这突出表现在以下几个方面。

1. 保证篮球选材的科学性

篮球运动员选材工作是否科学和合理将在很大程度上影响我国篮球运动员的发展情况,因此要引起高度重视。篮球运动员选材的科学性主要包括选材内容的科学性和选材方法的科学性两个方面。篮球运动对于球员的体能、技术和意识水平在不同位置、不同情况下都有着不同的要求,现今对于体能和技术的评测方法较为具体化和科学化,包含了数据化分析和经验观察等诸多方法,可以满足教练员对于选拔不同需要球员时的需求。而选材整体的科学性则少不了篮球运动员篮球意识的评测,这一部分缺一不可。

在传统观念下,运动员篮球意识的评价主要是通过比赛进行的,教练员凭借自身经验来判断运动员的篮球意识。然而,这种方法欠缺一定的科学性,要求教练员必须具备高超的篮球运动水平。除此之外,仅仅依靠一场比赛难以判断运动员的真实情况,另外教练员对于意识的理解也各不相同,甚至无法满足球队的需要,这样就很可能导致人才的误判和流失。[①] 因此,加强运动员篮球意识的评测是一项复杂且必要的工作,通过这一评测活动,运动员能很好地了解自身情况,避免出现各种失误。

2. 提高运动员的选材质量

篮球运动员的选材非常重要,通过选材工作把有可能符合标准的运动员选出来,然后对其进行培养和训练,再从中选择高水平的运动员,因此选材工作并不是一件简单的事情。在选择运动员的过程中,要重视选材的质量,不能选择素质差的球员。在某些时候,选材者在选材的过程中经常会发现一些身体素质与技术基础都不错的运动员,但由于他们的篮球意识较差,而选材者又无法在选材时进行有效的辨别,因此导致运动员在被选进运动队后无法融入篮球队的技战术体系,难以发挥自身应有的水平,这一情况是客观存在的,也比较令人惋惜。因此,在选材的过程中要对运动员的篮球意识给予必要的重视。

大量的实践与事实表明,在篮球评测中加入篮球意识评测的内容是非常有必要的,这样能很好地测试出运动员篮球的意识水平,提高篮球选材的科学性。在选材的过程中,作为一名选材的工作人员,在面对具有相同身体条件和运动基础的运动员时,他们普遍都会选择那些篮球意识水平相对较高的运动员。因此,在选材中,运动员篮球意识也是一个非常重要的方面。

3. 降低人才流失的百分比

篮球意识对于一名运动员的成长与发展而言具有重要的意义,有一些篮球运动员没有出众的身体素质,但由于具有良好的篮球意识水平,也取得了令人羡慕的成就。如NBA著名球星史蒂夫·纳什就是一个典型的例子。纳什身材并不高大,与大部分的篮球明星相比,他的身体素质并不占优势,甚至处于较大的劣势,但是由于他具备出众的"球商",因而弥补了身体素质上的不足,凭借出众的篮球意识,他可以在比赛中游刃有余地发挥其技能,从而取得了令人称赞的成就。由此可见,篮球意识对于运动员的重要性。

当前,我国篮球运动面临着严重的人才流失现象,首先表现在人才的选拔方面,选拔程序不严谨,欠缺科学性,这是一个非常严重的问题。通

---

① 谢哲.篮球意识评测在篮球运动员选材中的应用研究[D].郑州:郑州大学,2015.

常情况下,身体素质和技术水平高超的球员一般会给教练员以很好的第一印象,而那些身体和技术都一般的球员则容易受到忽视。但需要注意的是,短时间内的观察是很难检测一名球员的篮球意识水平的,如果没有一个科学化的指标就更加如此。在这样的情况下,一些拥有较高篮球意识水平但身体素质相对较弱的运动员就不会进入教练员的视线,从而造成人才流失。因此,这一方面的情况一定要引起重视。

二、篮球意识评定的基本原则

人的意识活动是看不见、摸不着的,因此评定起来具有一定的难度。但并不是说我们就没有办法对篮球运动员的意识进行评定。在人的意识发展的过程中,意识的形式是主观的,但它反映的内容具有一定的客观性,并遵循一定的客观规律,我们根据这一客观规律,可以很好地把握运动员的思想意识,对其展开评定。

在运动员意识评定的过程中,测评人员可以充分利用各种手段观察运动员在比赛中的行动表现,以充分了解其篮球意识。运动员的篮球意识主要涉及观察、判断、思维等多方面的内容,评测者要仔细观察运动员在比赛中的每一个行为,对运动员的各种反应做出客观的判断。这对评测者提出了很高的要求。因此,在篮球意识的评测中,行动的正确与否是篮球意识的一个重要的评定信息,同时也是一个非常重要的依据。因此,运动员篮球意识的评定要坚持其行为选择的正确性为基本原则。

当今社会,篮球比赛对空间的争夺更加激烈,这对运动员的身体素质提出了较高的要求,但仅仅具备良好的身体素质还是不够的,还需要运动员具备出色的篮球意识,也就是我们平时所说的"球商"。篮球比赛中经常会发生一些突发事故,在发生这些突发事件时,运动员需要做出合理的战术选择,而这则有赖于运动员的篮球意识水平。只有具备出色的篮球意识水平的运动员才能结合比赛场上的具体形势做出合理的战术选择。[①]

总体而言,篮球运动员的良好篮球意识及其在这一意识支配下的行动主要表现在以下几个方面。

第一,运动员的行动具有正确性。

第二,运动员的行动具有目的性。

第三,运动员的行动具有预见性。

第四,运动员的行动具有隐蔽性。

---

① 全国体育院校教材委员会.篮球运动高级教程[M].北京:人民体育出版社,2002.

第五,运动员的行动具有应变性。

第六,运动员的行动具有创造性。

第七,运动员的行动具有一定的实效性和配合的协调性。

通过以上几个方面对运动员的篮球意识展开具体的评价往往能获得比较理想的评定效果,这对于改善和提高篮球运动员的意识水平具有重要的意义和作用。

三、篮球意识的评定方法

虽然当前我国的篮球运动获得了一定的发展,也涌现出了一批高水平的运动员,但在篮球运动员评定方面,尤其是评定运动员的篮球意识方面还存在一些问题。其中,最为严重的一个方面是篮球运动员意识的评定没有一个客观的量化评定方法,仅仅依靠教练员的经验或临场技、战术行动效果来评定。在这种方式下很难获得理想的评定结果。

在具体的篮球意识评定中,评测人员通常会根据现有的实际情况设计一些近似于篮球正式比赛的场景,运动员在这样的场景之下运用自己现有的意识水平采取各种战术行动,然后评测人员根据运动员的战术选择来评测其篮球意识水平。另外,有一部分评测人员还会采用战术配合示意图的方法来测试运动员的篮球意识。需要注意的是,这些评测方法都带有较强的主观性,缺乏科学性,对评测人员的经验要求较高,操作起来具有一定的难度。

篮球是一项对抗性很强的集体性项目,比赛中充满了身体的对抗,而这一对抗是处于不断的发展和变化中的,不能脱离比赛的实际情况而单独进行评定,否则就难以获得客观准确的评定结果。因为,行动是篮球意识的根本归宿和最终表现,篮球意识的评定应以在意识指导下行动的正确性为原则来进行。对运动员篮球意识的评定必须与比赛的实际结合起来,这样才能反映出运动员的真实意识水平。

总之,篮球运动员的意识评定是一个难以定量的问题,目前还没有一个客观的定量评定方法,还需要进一步研究,争取找到一种更加客观和科学的能评价运动员篮球意识的评定方法或手段。

四、提高篮球意识评定水平的对策

篮球意识评定水平的高低对篮球运动意识的培养有着重要作用,能够对篮球意识培养的效果进行评定并给予反馈,有利于篮球意识培养工作的调整与完善。篮球意识评定水平的提高不是轻而易举就能实现的，涉及多方面的因素，主要对策如下。

（1）一个科学的篮球意识评测体系对于青少年篮球意识的培养非常重要。因此，一定要加强篮球意识评测体系的建设。在构建评测体系的过程中，一是要结合当前篮球发展的形势不断丰富篮球意识评测的内容；二是要参考与借鉴国内外篮球运动发展的先进经验，选择与创新篮球意识测评的方法，提高评测的效果与效率；三是要建立篮球意识的指标模板，针对运动员的个性特点设计多样化的测试模式，这样能为篮球运动员的选材提供准确可靠的信息。①

（2）青少年篮球后备人才的选材与培养工作非常重要，这直接影响我国篮球运动水平的提升和成绩的获得。在具体的工作中，管理人员要不断加快篮球意识评测与选材手段的融合，明确篮球意识评测与各方面测评的关系，篮球工作人员要充分认识到篮球意识评测的重要意义和作用，不断提升篮球意识的测评水平。

（3）为达到青少年篮球意识测评的目标，篮球工作人员要逐步扩大篮球意识评测的应用范围，重点分析青少年的篮球意识水平和波动程度，根据反馈信息及时调整篮球训练的方案与计划。

---

① 谢哲.篮球意识评测在篮球运动员选材中的应用研究[D].郑州：郑州大学，2015.

第八章　青少年篮球教学训练的医务保障

篮球运动是一项强度大、节奏快、变化多的体育项目,在这样的运动中运动者的体能会以很快的速度消耗,出现疲劳,并且有更高的概率发生多种运动性损伤的情况。为此,在青少年篮球训练中做好疲劳恢复、营养补充和运动损伤处理等医务保障工作就显得非常有必要,这是保障青少年顺利参加篮球运动的基础。

第一节　青少年篮球教学训练的疲劳与恢复

一、运动性疲劳的概念

在过往很长一段时间内,相关学界都尝试给运动疲劳下一个定义,但始终都没有一个可让所有人都接受的表述。直到 1982 年第五届国际运动生物化学会议的召开对运动性疲劳的定义进行了统一和确定,由此才结束了学界对这一概念问题旷日持久的争论。最终会议确定,运动性疲劳是指机体生理过程不能持续其机能在某一特定水平或各器官不能维持预定的运动强度的现象。[①] 该定义相对准确地描述了运动性疲劳的特征和实际表现,因此得到了众多专家的一致认可,此后该定义逐渐在学界推广开来。

二、运动性疲劳的外周机制

众多实验和研究揭示,疲劳机制会由于运动强度、运动时间和运动形式等条件的不同而展现出不同的特点。鉴于此,一些研究人员提出了各种"学说"以解释运动性疲劳的产生机制,其中较有代表性的学说有"能源衰竭说""自由基致损伤说""保护性抑制说""突变说"等。下面就对

---

① 杨翼,李章华.运动性疲劳与防治 [M].北京:北京体育大学出版社,2008.

这几种学说的主要内容进行阐述。

（一）能源衰竭说

能源衰竭说的主要观点为人体由于运动使得体内能量不断消耗却难以在短时间内得到补充，由此产生了疲劳。在实践研究中确实获得了不少运动性疲劳的出现与体内能源物质消耗过多有着较多关联的证据，并且研究还显示不同程度的运动强度和运动时间会对人体能源物质的消耗量构成直接影响。具体情况分析如下。

（1）如果运动类型为短时间且大强度的话，供给机体运动所需能量的 ATP 和 CP 会快速消耗，其贡献的能量只能维持人体运动在 10 秒以内。超过这个时间后就将转为其他能源物质供能。

（2）如果运动类型为中等强度的话，则由糖酵解和有氧氧化的方式进行混合供能。鉴于人体肌肉中的糖原储量在 200 ～ 400 克，所以这种供能方式能维持人体运动的时间为 1 分钟左右。

（3）如果运动类型为长时间且低强度的话，则由糖和脂肪的有氧氧化方式进行供能。此时，身体的运动机能会随着肌糖原的不断消耗而降低，运动过程中补充糖可在一定程度上对疲劳有所缓解和帮助机能恢复。

（二）自由基致损伤说

自由基，是指在外层轨道上单独游离的离子、原子和分子等物质。其在人体的不同条件中会带来有利的一面和不利的一面。当处于生理浓度条件时，自由基会表现出有利的一面，具体为提升纤维细胞质量、舒活血管、消灭细菌等。而当其与不饱和脂肪酸发生脂质过氧化反应生成过氧化物后便会产生对细胞有害的毒性，最终降低代谢酶的活性。

进一步对此做出的研究表明，氧自由基与人体的运动之间有着紧密联系。一般情况下，人体内氧自由基总是处于一种相对平衡的稳态中。然而氧自由基一旦过多或抗氧化系统的运转出现问题，原先的代谢平衡就被打破，从而损伤机体细胞。也就是基于这个原因，人体极易患上心脑血管疾病、白内障、糖尿病、各种炎症等疾病，以及加速人的整体衰老程度。而在运动领域中，氧自由基的过量增加也就成了运动性疲劳出现的原因之一。那么，为了尽可能控制这种情况的出现，可在运动前补充适量的抗氧化剂，它能降低运动后的脂质过氧化程度，减少过氧化物的增加，从而达到延缓疲劳及抑制疲劳积累过快的效果。

（三）保护性抑制说

对运动疲劳产生的保护性抑制说源自巴甫洛夫学派,其赞同的理论为人体出现的包括身体和精神的疲劳均来自大脑皮质做出的保护性措施的结果。当人体处在运动状态时,神经细胞此时也极为兴奋,为了支持这种兴奋,必然会消耗大量细胞能量,当消耗达到一定程度时,机体为了保证细胞的"健康",就会产生保护性抑制的行为,而这种行为就是让人感觉到疲劳。

后来在一项实验中,保护性抑制说得到了验证。这项实验的方法为被试者用手指拉起重物直至疲劳,此时用电刺激被试者的屈指肌,结果已经感到疲劳的手指又能拉起重物。这一实验结果足以证明人体由于运动所感觉到的疲劳其本质并非来源于肌肉,而是中枢抑制的结果。[①]

（四）突变说

运动疲劳的突变说认同运动疲劳是由某种突变造成的。该理论一改过往对运动疲劳的研究倾向使用单一指标的方式,而是尝试从能量代谢、肌肉力量、兴奋性或活动性等方面对运动疲劳进行综合性分析。

突变理论的一大突破在于其将疲劳的产生和细胞内能量消耗、肌肉力量下降和兴奋性或活动性丧失三者进行了关联,由此便能更全面地解释机体疲劳的现象。突变理论对疲劳发生途径的表述如下。

（1）能量消耗和兴奋性丧失的过程并不是一个线性下降的过程,而是在衰变过程中出现一个急剧下降的突变峰。如此是为了避免由于能量贮备不断下降而给机体带来危害。这是"疲劳突变"理论的核心。

（2）疲劳出现的原因是能量消耗和单纯兴奋性丧失两方面综合后的表现。

（3）机体在运动性疲劳出现后并不会丧失兴奋性,而只是机体能量的消耗。举例来说,当人体在运动中出现了运动疲劳就表明机体的 ATP 水平在下降,但如果继续维持运动,体内的 ATP 也不会无休止地下降至零。

（4）综合能量消耗和兴奋性的平衡丧失,却不会出现突变现象。

从疲劳控制链的角度来看,哪怕其中任何一个环节出现问题导致了中断,都会引发某种运动性疲劳。然而这个理论反过来并不成立,即并非所有形式的运动性疲劳都一定伴随着疲劳控制链中任何一个环节的中断。因此在当前,如果用疲劳突变说的理论来解释人体疲劳的问题尽管

---

① 杨翼,李章华.运动性疲劳与防治[M].北京:北京体育大学出版社,2008.

有一些实践研究的结果可循,但更多的应用还只是停留在纯理论阶段,实践应用上还存在不少缺陷。

三、青少年篮球运动产生疲劳的恢复措施

运动疲劳是青少年参加篮球运动后必然产生的机体现象。当运动疲劳出现后,要及时予以缓解,以使身体机能恢复到正常水平,以备下一次运动。对机体疲劳的恢复不是随意进行的,它有着较强的科学理论指导和多样化的手段,只有面对运动疲劳选择最有针对性的恢复手段,才能获得最佳的恢复效果。对于青少年篮球运动后产生的疲劳来说,其恢复措施主要有运动性疗法、传统康复方法、睡眠、物理疗法和心理放松疗法。下面就对这几种方法进行具体分析。

（一）运动性疗法

作为康复医疗的重要方式之一,运动疗法的基础学科为运动学和神经生理学,其是通过人体运动的形式实现增强体质和促进身心疲劳恢复的方法。要想通过使用运动性疗法实现运动疲劳恢复的效果,首先就需要详细了解青少年运动者的身体情况和运动情况,然后以此为基础制订科学的运动处方,由青少年按照运动处方的规定完成运动行为,进而实现对身体疲劳的恢复。常用的运动性疗法有积极性休息和整理活动两种。

1. 积极性休息

与常见的睡眠、静养等消极性休息相比,积极性休息采用的是变换活动部位或方法为方式的休息。例如,经常参加篮球活动的青少年在篮球运动后可采取打台球、打羽毛球的方式来获得休息。积极性休息的理论是在 1903 年由谢切诺夫提出的,此后,这一方法在运动实践中的应用越发广泛,得到更多人士的认可。众多实践和理论研究表明,相比于传统的消极性休息,积极性休息给疲劳恢复带来的效果要好近 1 倍。

2. 整理活动

整理活动是在正式活动之后进行的以促进身体从运动状态中恢复到相对安静状态中为目的的身体活动。篮球运动较为激烈,通常在活动后都要安排一定的整理活动环节。整理活动的实际意义是使身体被运动带动得过于兴奋的系统机能逐渐平复,并且有助于加速由运动造成的体内堆积过多的乳酸的代谢。

整理活动的方式有很多,常见的有放松操、慢走、慢跑、静力牵伸练

习、体育游戏等。具体选择哪种放松方式则要视此前的运动负荷和运动形式而定。而为了能够获得理想的整理活动效果，在进行时应注意安排合理的活动量和内容，以及指导青少年整理活动不只是在此时此刻完成，而是应延续到之后的生活中，并注意结合其他放松方式来实现最佳的疲劳恢复效果。

（二）传统康复方法

对于运动疲劳恢复的传统方法主要有气功、按摩、针灸、拔罐、中药熏蒸等。其疲劳恢复原理是通过调理人体的阴阳平衡、舒经通络、调理气血等来达到缓解疲劳、修复损伤、促进系统机能良好运转的目的。

气功，是传统康复方法中较有代表性的一种。这是一种强调自我调节、自我控制的锻炼形式，其在对运动疲劳的恢复方面的效果主要为消除人的身心紧张感、降低神经系统活跃度、调节血压、增强人体抵抗力、维护正常的心血管系统机能。此外，由脑电图检查结果证明，气功还能对机体大脑皮层起到保护性抑制作用。

（三）睡眠

睡眠对于经常参加运动的青少年来说是最简单且效果最理想的疲劳恢复方式。当人处于睡眠状态时，身体的感知觉减退，意识也逐渐消失，此时身体与环境之间的主动联系基本断开，几乎全身肌肉都处在放松状态。这就是睡眠带给人良好疲劳消退效果的原因。不同年龄段的人群的理想睡眠时间各有不同，儿童和青少年每天的睡眠时间不应少于 10 小时，成年人每天的睡眠时间不少于 7 小时，老年人每天的睡眠时间不少于 6 小时。如果是经常参加运动的人，应在标准睡眠时间的基础上再适当增加一些睡眠时间，以使身体的运动疲劳的恢复更加彻底。

（四）物理疗法

物理疗法是指将天然或人工的物理因子作用到机体上，以期获得疲劳消除作用的方法。所谓天然或人工的物理因子主要有声、光、电、磁、热、冷等，当这些物理因子作用到人体后可以在整个机体或局部产生一些生理效应，从而实现康复和疲劳恢复的效果。借助不同的物理因子，就出现了多种相应的疲劳恢复方法，如乐疗、光疗、电疗、磁疗、水疗、冷疗等。

（五）心理放松疗法

心理放松疗法，是指应用心理学的理论和手段对人的心理、情绪等加以干预，以获得良好的疲劳消除效果的方法。在心理放松疗法的疲劳消除实践中，行为疗法和合理情绪疗法是较常用的两种方法。行为疗法是按照一定的程序采取正负强化的奖惩方式对个体进行反复训练，以获得疲劳消除的方法。合理情绪疗法与行为疗法不同的地方在于它的理论基础是认知理论，在此理论下再结合行为疗法中的技术，从而达到促进人的心理障碍或疲劳消除的目的。

一般在青少年的篮球运动教学与训练后，教练员更关注的是他们的身体疲劳的恢复，而将心理学的疗法用于疲劳恢复的行为则非常鲜见。如果要想让青少年的身体恢复获得事半功倍的效果，在注重身体方式的疲劳恢复外，还应配合心理层面的疲劳缓解方法。具体来说，心理疗法的优势在于它能降低青少年的精神紧张度，缓解心理的压抑状态，由此带来的是身体其他系统机能的一并放松，疲劳也就更容易彻底消除。

心理疗法的方式众多，这里主要对其中较有代表性的音乐疗法进行说明。实质上，音乐属于物理因子之一，是一种声音的艺术，它通过人的听觉转变为传入大脑的刺激信息，从而激发人的机体出现某些生理和心理反应。音乐的形式多样，可表现为多样的节奏、多样的音色和多样的风格。恰恰是音乐的多样性使得其带给人们的心理感受不同。例如，快节奏、充满力量感的音乐会让人感到兴奋，增强人的心脏功能，使血液循环状况得到改善；慢节奏、旋律性突出的音乐会使人感到放松、平静和惬意，最适合消除由运动带来的疲劳。此外，音乐疗法给人的心理带来的积极影响还体现在其有助于改善人的注意力、记忆力等方面。

第二节　青少年篮球教学训练的科学营养

一、青少年篮球运动的科学营养

（一）营养概述

人体构建出了一套完整的营养吸收与代谢的过程。该过程始于营养的摄入，终于营养代谢后的产物排出体外。在体内的过程包括消化、吸收和代谢,身体将营养充分吸收以维持各种生命活动。

营养素,是指人从食物中摄取的以供生命活动和机体生长的养分。全面的营养素摄入可以满足人体日常所需的活动和符合规律的身体生长发育,而不全面的营养摄入则可能给身体的某些机能的发挥造成阻碍,甚至影响身体的正常发育。

人体最主要的营养素有如下六大类。

1. 水

水作为生命之源,自然是人体所不能缺少的营养素。人体内的水含量是所有物质中最多的,毫不夸张地说,人体就是由水制造的,人体体重约2/3是水。一旦人体缺乏如此重要的营养素,则会严重影响诸多生理功能。水对于人体的主要作用在于参与人体代谢过程、促进腺体分泌正常及调节体温,当然水还有更多对人体有益的作用,这里就不一一赘述。

人体的水主要来自摄入的食物和饮料。对于一个正常的成年人来说,每天基本的水摄入量为2000～2500mL。对于经常参加篮球运动的青少年来说,他们对水的摄入量应适当稍多一些。

2. 糖类

糖类是由碳、氢、氧等元素构成的,其也叫作"碳水化合物"。糖类有单糖、双糖和多糖之分。其中,单糖主要有葡萄糖和半乳糖,双糖有乳糖、蔗糖和麦芽糖,多糖则有淀粉、糖原和果胶。

众所周知,糖类是人体重要的能源物质,其功能主要如下。

(1)糖类是维持机体正常运转的能量供应物质。

(2)糖类易被人体吸收和利用。

(3)糖类是构成细胞和神经的关键物质。

糖类普遍存在于生活中的常见食物中,如米、面、水果、牛奶、糖果、甘蔗、蜂蜜等。通过对含糖食物的摄入即可满足人体对糖的需求。

3. 脂肪

脂肪是由碳、氢和氧等元素构成的。其在人体中发挥着多方面作用,是人体不可或缺的营养物质。人的脂肪具有如下多方面功能。

(1)脂肪帮助维持人体的正常体温。

(2)脂肪对内脏器官起到保护作用。

(3)脂肪是构成细胞的成分。

脂肪普遍存在于肉类油脂、蛋黄、花生、芝麻等食物中。

4. 蛋白质

蛋白质是人体的生命之源,其是由氧、碳、氢和氮等元素构成的,是细胞的主要成分。蛋白质有完全蛋白质、不完全蛋白质和半完全蛋白质之分。蛋白质之于人体的营养功能具体如下。

(1)蛋白质是构成细胞的重要物质。

(2)蛋白质是修复受损细胞的物质。

(3)蛋白质可提供辅助的、补充的能量。

(4)蛋白质协助产生抗体,由此间接起到促进身体体质和提升人体抵抗力的作用。

蛋白质普遍存在于蛋、豆、肉、乳、坚果等食物中。相比之下,肉类中含有的动物性蛋白质要多于植物性蛋白质且更加优质。对于经常参加篮球运动的青少年来说,补充足够的、优质的蛋白质非常重要。

5. 矿物质

矿物质以在体内需求量的多少被分为常量元素和微量元素。常量元素有钙、钠、磷、镁、氯、钾等,微量元素有铁、锌、碘、铜、硒、镍、钼、氟、钴、铬、锰、硅、锡、钒等。

尽管矿物质在人体中的含量不高,但其所具有的营养功能却是不容忽视的,具体如下。

(1)矿物质是构成机体组织的重要成分。

(2)矿物质能够维持体内的酸碱平衡。

(3)矿物质是机体对其他一些营养物质利用的辅助物质。

矿物质普遍存在于各类食物中,如乳制品中钙量丰富;动物内脏、肉类中含铁和锌较多等。

6. 维生素

维生素是维持机体正常运转所必备的一类小分子营养物质。根据维生素的可溶性可将其分为水溶性维生素和脂溶性维生素两大类。水溶性维生素有维生素 C 族和维生素 B 族等,脂溶性维生素包括维生素 A、维生素 D、维生素 E 和维生素 K 等。

维生素的营养功能具体如下。

(1)维生素 A:健齿、健骨、润肤、助消化等作用。

(2)维生素 B_1:促进能量代谢及糖代谢,生成 ATP 等作用。

(3)维生素 B_2:预防脚气病及缓解口腔溃疡等作用。

(4)维生素 C:抗氧化、缓解疲劳等作用。

由于人体不能自行合成维生素,因此要想获得足够的维生素只能通过摄入富含维生素的食物这一方式。蔬菜、水果等食物中各类维生素的含量最高。

(二)青少年篮球运动的营养需求

1. 水

在对水的补充上人们经常会有一个误区,即认为只有当感到口渴的时候才认为需要补水。实际上,一旦人体感到口渴的时候,就代表其身体已经丢失了3%的水,此时的机体已处于轻度脱水的状态。身体脱水会给人带来很多生理上的问题,而就运动来说,脱水所直接带来的问题就是造成人的运动能力下降。所以,补水要本着预防原则进行。

青少年在参加篮球运动时应注意在活动的前、中、后三个阶段中都进行科学补水。

(1)运动前补水

青少年要根据篮球运动的具体情况、自身情况和运动季节等来确定运动前的补水方式和补水量。运动前进行的补水主要是为了预防青少年在运动中出现脱水的现象。一般来说,青少年篮球运动前的补水方式应以少量多次为原则,在运动开始前2小时补充0.4 ~ 0.6L的水,这里的水最好是那种含电解质和糖的运动型功能饮料。

(2)运动中补水

运动中补水是对身体在运动中水的流失的一种应急补充行为。青少年在篮球运动中会由于大量排汗导致体内的水大量流失,此时补水的意义在于维持体内水的含量,降低由失水造成的身体机能弱化。运动中的补水量以排汗量为依据来确定,一般情况下,运动中补水的总量要在失水量的50% ~ 70%,所补充的水以含电解质和糖的运动型功能饮料为宜。

(3)运动后补水

事实上,青少年在运动中进行的补水在消耗量和补充量的对比上补充的水是不足的。为此,就要通过运动后补水的形式来补充身体欠缺的那部分水分。运动后所补的水应是有一定含糖量的饮料,这对于恢复青少年的血容量大有帮助,但要注意所补充的水不应是碳酸饮料。另外,运动后补水也不是越多越好,过多水分的补充会增加排汗量和排尿量,这会导致更多电解质的丢失,同时也给肾脏和肝脏等脏器带来更大的工作负荷。

2. 能量

参加篮球运动的青少年在运动中往往会消耗大量能量，这使得他们在每次运动结束过一段时间后会产生强烈的饥饿感。为此，就需要补充足够的能量以满足正常的机体需求，并且还要把在运动中消耗的能量补充回来。

为了有良好的体能应对篮球比赛，青少年在日常经常会参加身体素质训练。在众多身体素质训练中，对人体能量消耗较大的是耐力训练和力量训练，为此，对于参加这两类身体素质训练的青少年就要适当额外增加能量摄入的量。有研究统计显示，当青少年参加中等强度的耐力训练超过 30 分钟后，肌糖原基本处于耗竭状态，此时机体开始调动脂肪用以供能。如此看来，在青少年参加了更多有氧耐力训练时，则应以补充糖和脂肪含量较多的食物为宜。

青少年在进行篮球运动期间的饮食不应含太多的脂肪。尽管脂肪是人体不能缺少的营养素，但此期间摄入过多的脂肪会影响青少年机体对蛋白质和铁等营养的吸收，且脂肪在摄入后会相对更长时间停留在胃中，造成对运动的负担。此时摄入的食物中的脂肪含量在 25% ~ 30% 之间较为理想。

糖作为人体的主要能量来源，在青少年篮球运动期间的摄入是非常关键的。如果青少年机体中的肌糖原水平较低，则会影响他们的运动表现，具体为感到运动中易疲劳，出现疲劳后还不易恢复。补糖的方式要根据篮球运动的程度而定，如果进行的是短时间运动，则不需要额外补糖；如进行超过 30 分钟的大强度篮球运动，则需要额外补糖。补糖要分为运动前、中、后三个阶段。运动前补糖要在开始前 2 小时及 15 分钟时分别进行；运动中补糖可在轮换休息或暂停时进行，以此保证青少年在运动中的能量供应；运动后补糖应在运动后立即进行，此后每 1 小时补充一次，以促进体内糖原储备回归到正常状态。

3. 蛋白质

尽管蛋白质并不是主要的供能物质，但处在运动期间的青少年也不能忽视对蛋白质的补充。一般来说，蛋白质的补充量与如下几点因素有关。

（1）当青少年处于篮球运动的初期应适当增加蛋白质的补充。这是因为此阶段中的青少年的身体会出现更多细胞损伤的情况，此时补充蛋白质有助于受损细胞的快速修复。

（2）篮球运动的强度和频率。篮球运动中不同的运动强度和运动频率对体内的蛋白质消耗有着不同的程度,此时对蛋白质的补充要与运动强度和频率成正比。

（3）当不能及时补充热量以及糖原储备不足时,应适当增加蛋白质的补充量。

（4）对那些有瘦身需求的青少年来说,更应补充蛋白质含量较高的食物。

经常参加篮球运动的青少年应尽量保持他们体内蛋白质的"正平衡"状态,即补充的蛋白质量多于消耗的蛋白质量。此外,蛋白质的补充量还要以篮球活动的强度为依据进行适量增减。例如,当进行力量、耐力等强度较大的训练时,对蛋白质的补充应达到每日总能量摄入的 15% ~ 18%,如果是强度稍小的其他形式的训练,则补充量应达到每日总能量摄入的 14% ~ 16%。

4. 维生素

维生素对维持和调节身体机能有很大帮助。鉴于人体不能直接合成维生素,因此体内的维生素需要不断从食物中摄入补充才行。经常参加篮球运动的青少年更加需要补充维生素,并且在补充时要注意补充的种类力求全面,补充的量力求恰当。需要说明的是,过多的维生素摄入并不会给机体带来额外的好处。

二、膳食平衡

（一）膳食平衡的原则

膳食平衡,是指人在日常生活中所摄入的食物中包含的各类营养物质数量得当、比例合理、种类齐全,可以满足机体正常运转所需的状态。对于体育活动较多的青少年来说,他们对膳食平衡的要求就更高。不平衡的膳食会影响青少年机体正常的生理功能,阻碍身体素质全面发展,限制其运动能力,严重的还会导致营养不良。

要想做到膳食平衡,在日常饮食中应秉承如下原则。

1. 全面性

膳食平衡的全面性原则要求在选择食物时要尽量考虑到营养的全面性,特别是要避免挑食、偏食的行为。人体所需的营养素有水、糖、脂肪、蛋白质、维生素和无机盐等六大类。每种营养都对人的机体的顺畅运转产生作用,这六种营养素中不论缺乏哪种,都会给人体的某些生理功能带来阻碍。这就是膳食平衡要秉承全面性原则的原因。

2.平衡性

膳食平衡的平衡性原则要求所摄入的营养素要相对平衡,使供应量与消耗量基本持平,过多或多少的营养摄入都不利于身体健康和运动状态的维持。对经常参加篮球运动的青少年来说,如果篮球运动的负荷增大,则也应适当提升高能量食物的摄入量。另外,这种营养摄入的平衡性也应考虑到不同季节的运动行为,如在冬天进行运动则应适当增加营养的摄入,以此使因对抗寒冷而消耗掉的能量得到补充。

3.适当性

膳食平衡的适当性原则要求摄入的营养素之间的比例搭配要适当,以此满足机体对不同营养素的需求,以及便于机体对营养素的吸收。在日常的进食中,要注意荤素搭配,细化到具体的肉类食物来说,也需要红肉和白肉相搭配,当然其他营养素也要搭配合理摄入,避免出现某种营养素摄入过多的情况。如果基于身体原因对某些营养素的吸收有障碍,则可适度选择一些营养补充品,但不应过度依赖于此。

(二)膳食平衡的具体要求

1.各种营养素和热量摄入的平衡

从营养学的观点上来看,普遍认为人要想做到膳食平衡,就需要在一个阶段中摄取一定标准内的全面性营养。为此,我国的营养学会还特意制定了符合我国国民习惯和特点的每日营养摄入标准。而对于经常参加运动的青少年来说,在营养摄入的种类和量上可进行适当调整。

在众多营养中,那些如糖、蛋白质、脂肪之类的可为机体提供热量的营养被称为“热量营养素”。该三类营养的理想摄入量比为 6.5∶1∶0.7。对于经常参加运动的青少年来说,除了要注重热量营养素类营养的补充外,同时还不能忽视对维生素和矿物质的补充。

2.酸碱平衡

不同的机体有着各自的酸碱度,但这些保持相对稳定的酸碱度很可能由于膳食搭配不佳而被打乱,出现酸碱不平衡的情况,严重的甚至会导致整个人体的酸碱失衡。对于参加篮球运动的青少年来说,他们的身体在运动中会产生过多的酸性代谢物,这些物质会整体提升身体的酸度,给身体带来疲劳感。为此,应给青少年增加一些碱性食物予以中和。

三、青少年参加篮球运动的合理膳食营养

（一）膳食的合理构成

中国营养学会根据我国国民的饮食习惯和秉承膳食平衡的原则提出了每日合理的膳食结构。具体如下。

（1）膳食摄入秉承多样性原则，以谷类为主。我国国民在日常生活中最常摄入的食物有谷类、薯类、蔬菜水果、肉类、豆类及其制品和纯热能食物等类型。不同类型的食物所包含的营养成分有相同的，也有不同的。为了能让身体获得尽可能全面的营养补充，就要做到膳食合理且多样化。

（2）食量与运动量的平衡。在合理膳食的要求下，应根据青少年参加运动与否和运动强度来决定进食的量。原则上进食量和运动量成正比。

（3）多吃蔬菜、水果和薯类。肉类食物有着良好的诱惑力和较多的蛋白质与脂肪，但人体所需的众多维生素和矿物质则主要包含在蔬菜、水果和薯类食物之中，且这类食物中往往还包含大量的水，可谓营养价值颇高，因此应适当增加这类食物。

（4）"白肉""红肉"搭配得当。所谓的"白肉"就是指鱼、鸡、鸭等肉类，这种肉类中富含优质蛋白、脂溶性维生素、维生素 B 族和多种矿物质。所谓的"红肉"是指猪、牛、羊等肉类，这种肉类中含有大量脂肪、蛋白质。两种肉类都能给身体提供必要的营养和能量，但在选择时要注意合理配比和适量。

（5）每天须摄入一定量的乳制品、豆类或豆制品。在众多食物类型中，乳制品和豆类制品中所含的蛋白质和维生素数量最多，此外，这两类食物中还含有丰富的钙。因此，在每天的膳食中都应包含这两类食物。

（6）吃清淡少盐的食物。食物中放入超出标准的盐固然能更加吸引人的味蕾，但过量的盐摄入会给人的健康带来不利影响，特别是会对人的心血管系统的正常运转带来阻碍，使人大概率患上心血管系统疾病。一般来说，每人每日摄入的盐应低于 6 克。

（二）"4+1 营养金字塔"

"4+1 营养金字塔"理念的提出在于指导人们构建好每日的膳食平衡。下面就对这个膳食结构形态进行逐级分析。

（1）第一层可谓是金字塔的底座，是基础。这一层中的主要食物为粮豆类，对于我国民众的饮食习惯来说，粮豆类作为主食的重要选择，自

然是人们每日摄入最多的食物。一般情况下,青少年每日应摄入粮豆类食物 400 ~ 500 克,其中粮食与豆类的搭配比为 10∶1。

(2)第二层的主要食物为蔬菜类和水果类。蔬菜和水果的营养价值自不必多说,其所在金字塔中的位置也决定了每日摄入量仅次于粮豆类食物。青少年每日应摄入蔬菜和水果 300 ~ 400 克,其中蔬菜与水果的搭配比为 8∶1。

(3)第三层是奶和乳制品。各种奶类以及乳制品中含有大量的优质蛋白和钙。青少年每日应摄入奶和乳制品 200 ~ 300 克。

(4)第四层为肉类食物。肉类中含有丰富的蛋白质、脂肪、维生素 B 族和多种矿物质,这些营养素都是正处于生长发育期的青少年所不能缺少的。青少年每日应摄入肉类 100 ~ 200 克。

(5)第五层,也就是金字塔的塔尖。该层主要为盐,尽管身体中也需要钠的摄入,但就目前我国民众的饮食习惯来看,往往较容易摄入过多的钠,长期如此对身体健康不利。

总的来看,一二层的食物为人体提供了高达 65% 的碳水化合物;三四层的食物为人体提供了 25% 的脂肪和 10% 的蛋白质。

四、青少年篮球运动的膳食建议

(一)培养科学的饮食习惯

1. 合理安排一日三餐

(1)合理的饮食时间。对于一般人来说,每天都有着相对固定的饮食时段,如此安排的优势在于有助于消化系统机能的正常运转和休息。我国国民大多数每天安排早、中、晚三餐,每餐之间的间隔约为 5 小时。每餐的进食时间也应有着合理安排,太快或太慢的进餐都应避免。

(2)合理的热能摄入。总的来看,青少年的早餐热量应占全天总热量的 30% 左右,午餐热量占比为 40% ~ 45%,晚餐则为 25% ~ 30%。经常参加篮球运动的青少年在每日饮食的热量安排上可适当高于标准,增加的部分应安排在早餐和午餐中。

2. 培养良好的个人饮食习惯

(1)由于青少年日常要参加较多的学习和体育活动,因此他们每天摄入的能量要适当增加,其中糖的摄入应占每日总能量摄入的 60% ~ 70%,蛋白质占 10% ~ 15%,脂肪占 20% ~ 25%。对脂肪的摄入要注意有所控制。

（2）用餐要尽量在卫生、安静的环境下进行；在食用有包装的食品前要检查食品是否超过保质期；少吃或不吃垃圾食品。

（3）饮食习惯上应秉承清淡原则，少吃过甜、过咸、过油、烧烤等食物。

（4）加强营养和膳食平衡类知识的学习，严格要求自己，讲究膳食平衡。如需服用辅助营养品需要有专业医生的指导。

3. 合理加餐

经常参加篮球运动的青少年的体内能量消耗会更多、更快。为了保证其正常的身体运转和有足够的精力体力参与到其他活动中，可适当考虑加餐。但加餐要注意以不影响正常三餐为准则。

（二）素食餐饮要适当

与众多肉类食物相比，素食食品中包含的热量较低，当然这对于现代人避免众多文明病有着很大的帮助，但对于正处于身体发育期和体育活动参与较多的青少年来说，素食难以保证他们的能量补充需求。但现实中仍旧有一部分青少年为了保持良好的体形而选择吃素食，这里要分析一下纯素食的几点弊端。

1. 易使身体出现营养不良

众所周知，蛋白质是构成人体细胞的重要成分，同时其也是修复受损细胞的重要元素。脂肪不仅参与维持人体的正常体温，还能提供长时间运动所需的能量。这两种营养在肉类食物中含量最为丰富，如果只摄入素食，则很难支持青少年参加像篮球这样的大运动量的活动，长此以往易诱发营养不良。

2. 易使身体缺乏微量元素和维生素

微量元素是身体中不能缺少的重要营养素，这类营养素在动物性食物中广泛存在，如钙、铁、锌等。如果平日较少进食肉类，则会造成体内微量元素的缺乏。实际上，素食食物中也含有较为丰富的微量元素和维生素，但要想做到摄入全面就需要精心选择和准备。然而实际生活中能做到这点的人少之又少，因此，长此以往的素食主义青少年的身体中就可能缺乏微量元素和维生素，从而易出现贫血等症状，难以满足日常学习和运动对营养的需求。

五、篮球运动前后的饮食注意事项

青少年在参加篮球运动之前和之后的饮食都有一定的注意事项要给予足够重视。

（一）避免空腹时的大量运动

空腹时人的血糖含量会降低，而这种生理上的变化往往会使人在运动中出现头昏眼花、四肢乏力、心慌心悸、手脚冰凉、注意力涣散等症状。严重的低血糖甚至还会致人昏厥。因此，在运动前一定要做好相应的进食计划，避免空腹运动的情况发生。

（二）饭后不大量运动

当人体在进食后，体内血液大量流向消化器官，此时运动会减少原本应流向消化器官的血液，致使机体的消化功能降低，同时还会增加胃痉挛、呕吐等症状出现的概率。因此，运动者应做好进食后的运动计划，避免在饭后马上就进行运动。一般来说，饭后 1.5 ~ 2 小时后参加运动是较为理想的。

（三）运动中不大量饮水

青少年参加的篮球运动往往较为激烈，运动强度较大，对身体能量的消耗较多，体内的热量也会以排汗的方式流失，此时正确的补水就显得非常重要。青少年在补水时应特别注意补水量，避免一次性大量补水，过多的水分存留在肠胃中会增加身体的运动负荷，影响正常呼吸，并对肠胃、心脏有害。正确的补水方法应为少饮多次，所补的水分也尽可能为功能型运动饮料。

（四）运动前不吃油腻或过咸食物

运动前尽量不选择那些过于油腻和过咸的食物。这是因为这两类食物进入胃肠后需要更多的血液供应来辅助消化，肝脏也要分泌大量的胆汁参与消化，如此大大增加了消化的难度和复杂度，增加了消化时间。这一方面使得长期滞留在肠胃中的食物加大了身体的运动负荷，另一方面使得过多流向肠胃的血液降低了身体的运动系统机能。此外，运动前摄入过咸的食物还会增加口渴的感觉，而喝了太多水后也会给运动带来负担。

第三节 青少年篮球教学训练常见损伤与应对

一、肩部常见损伤

篮球运动中的运球、投篮、争抢篮板球等技术动作在很大程度上都需要依靠肩部来完成。再加上篮球运动始终是在对抗条件下完成的,因此极易发生肩部损伤,其中以肩袖的损伤最为多见。

原因:肩袖损伤又称"肩袖损伤性肌腱炎",发病机制与肩关节外展、内旋或过伸,肱骨大结节长期超常范围急剧转动、劳损、牵拉、摩擦有关。

症状:患者常感肩痛,尤其是上臂外展 60°～120° 区间。肩部活动受限,肌肉萎缩,肱骨大结节处有压痛。

处理:急性发作期间,应暂停训练,肩关节制动,上臂外展 30° 固定,以减小有关肌肉张力而减轻疼痛症状。

康复训练:如肩关节的回旋、旋转运动和肩外展 90° 位负重静力练习等,以改善局部血液循环,增强肩部外展肌群,尤其是三角肌的力量,防止肌肉萎缩。康复训练要以肩部不产生疼痛为原则。积极治愈肩部的微小损伤、强化肩部外展肌群的力量训练(如前臂侧平举抗阻练习等)和注重力量训练后的放松练习是预防肩袖损伤的三个关键环节。

二、肘部常见损伤

(一)肘关节内侧软组织损伤

原因:篮球运动中肘关节内侧软组织损伤,多因双方队员空中(单臂)同时争球时,一方队员用力较猛,造成前臂力量较弱的对方队员的肘关节被动外翻和过伸,或因摔倒时前臂保护性外展、外旋支撑而致伤。

症状:伤患最为多见的是内侧韧带撕裂伤,严重受伤时往往合并其他组织的损伤,如尺侧关节囊撕裂、肘脱位等。受伤后肘关节尺侧疼痛、肿胀,关节功能障碍,肘内侧有明显的压痛点。

预防:关键在于加强前臂屈、伸肌群的力量练习,可经常使用弹簧拉力器发展前臂肌群力量和腕、肘关节的控制能力。另外,在运动前应进行 3～5 分钟的前臂屈肌群静力性牵拉练习。

处理:现场用氯乙烷喷湿局部后压迫包扎,前臂前旋、肘屈 90° 位,用托板或三角巾固定于胸前,冰袋敷局部。

康复训练:受伤一周后,配合临床治疗,逐步开始康复训练。主要目的在于防止关节黏连和逐步增强前臂肌力。练习中,一方面必须采取保护措施,如使用护肘、黏膏支持带等;另一方面避免重复受伤机制的动作,阻抗负荷也应逐步增加。

（二）肘关节脱位

原因:肘关节脱位多因队员倒地时前臂保护性外展、外旋、后支撑所致,其中后脱位最常见。

症状:伤后局部疼痛,关节畸形,功能障碍。

预防:强化倒地时正确的保护性技术动作是预防肘关节脱位的重要环节。身体向后倒地时,前臂应外展、稍内旋(禁忌外旋),肘关节微屈(禁忌过伸)、后支撑,膝关节微屈,在身体着地的一瞬间用力向后蹬,以分解倒地时的垂直作用力,避免肘关节脱位和尾椎骨受伤。

处理:现场急救可进行氯乙烷局部麻醉降温,绷带包扎,依肘受伤后的肢体位(角度)托板固定,用三角巾挂于胸前,冰袋继续敷局部。

康复训练:整复后第二天即可开始握拳、转肩的康复练习,以促进前臂的血液循环,有利于消肿。去固定后,坚持进行肘关节的伸屈和前臂旋转运动,防止和松懈损伤后的关节黏连。肘伸屈训练时,动作的幅度必须适可而止,逐渐加大,直至恢复到原有的角度,切忌大力扳拉,以防发生骨化性肌炎,这是康复训练的关键环节。

三、腰部常见损伤

（一）急性腰扭伤

急性的腰部损伤主要涉及腰部的肌肉、韧带的损伤,以及腰部关节扭伤等。其中绝大部分的腰部损伤出现在腰骶部和骨骼关节这两个位置上。

原因:多发于做提重物动作时对重物重量的估计不足,抑或是所做出的运动动作超过了脊柱活动范围。

症状:腰部扭伤后脊柱会发生一定程度的变形;做弯腰动作时腰部有痛感且难以达到正常时的弯曲幅度;行走时受伤一侧不敢发力;按压伤处局部有明显压痛感。

预防:日常应有意识地增加一些腰腹部力量的训练,以及选择一些有助于强化腰部伸屈扭转复合动作的合理性和协调性训练。

处理：采取平卧的姿势休息，对患处进行冷敷。

康复训练：以增强腰腹部的肌肉力量练习为主，训练在本着循序渐进的原则下逐渐加量，训练过程中应佩戴护腰带加强保护。在每次训练结束后注意做好放松活动。

（二）腰肌劳损

原因：伤者所患的急性腰扭伤并未得到妥善治疗，期间伤者的腰部活动也没有减量，由此导致腰肌劳损的情况发生。

症状：患有腰肌劳损的患者时常感到腰部有酸、胀、痛的感觉，按压后有明显压痛感，这种不适感在高强度运动后会格外明显，且不适感会放射到腰部周边部位。腰肌劳损的症状不仅会给青少年的篮球运动带来影响，严重的甚至还会给他们的生活带来诸多不便。

预防：日常有意识地安排一些强化腰腹肌群力量的训练。对于训练中出现的短时间多次重复的腰腹部动作练习要安排好间歇时间，以使该部位得到一定的恢复。

康复训练：

（1）安排"拱桥架势"和负重仰卧举腿等腰腹部肌肉的力量恢复训练。训练过程中要随时对伤者的腰腹部状况进行观察和评估，所有动作训练应在无痛感的情况下完成，并在训练结束后做好放松活动。

（2）安排仰卧抱膝、膝胸卧展等有助于改善腰腹部位血液循环的训练。训练应本着循序渐进的原则进行，以防损伤部位伤情反复。

四、膝部常见损伤

由于篮球运动中的诸多技术需要依靠急转急停等动作来完成，这就给运动员的膝关节带来了巨大运动负荷。因此，篮球运动员的膝部损伤约占身体各部位伤病总数的40%，主要伤病有膝关节韧带损伤、髌骨劳损及膝内侧副韧带损伤等。膝部伤病的发病机制与现代篮球运动技、战术特点对运动员身体素质的特殊要求、膝关节的自身解剖结构和生理功能，以及在身体运动中所发挥的重要作用等因素密切相关。

（一）膝关节韧带损伤

在膝部常见损伤中，膝关节韧带损伤的发生概率较高。

原因：篮球运动的技术对人体膝关节的负荷能力有较高要求，如在篮球运球转身技术中中枢脚及小腿固定，大腿随躯干突然内收内旋，膝关节于是受到了扭转力或来自膝外侧的向内侧的冲撞力,导致伤情发生。这些情况均极易造成膝关节韧带损伤。而运球后转身动作由于外侧副韧带发生损伤的概率要远比内侧副韧带要低,所以受伤的原因与膝内翻有关系。

症状:当出现膝关节韧带损伤后表现为膝内侧突发性剧烈疼痛,韧带伤处的压痛点明显,同时出现半腱肌、半膜肌的痉挛症状。

预防:内侧副韧带损伤的发病率远比外侧副韧带高,且内侧副韧带的严重损伤常合并内侧半月板的撕裂伤,故为预防的重点。除采用一般常规预防措施外,还须注意以下几点。

(1)改进后转身技术动作。对于技术水平不高的运动员,克服后转身技术动作中的"拖脚"现象,是预防内侧副韧带损伤的关键环节之一。指导队员在后转身动作完成后中枢脚应适当提起以减小其受力负荷。

(2)在准备活动过程中注重做好膝部活动,特别是一些静力牵拉性练习。而当做动力性练习时还可采用膝外翻静力牵拉练习 3 ~ 5 分钟来减少内侧副韧带损伤的概率。

(3)对于有过相应部位受伤史的运动员,要尽量避免做重复的受伤机制动作。在比赛前需要用弹力绷带在膝部做"8"字形(内侧交叉)加固包扎,并垫高鞋跟,这些都是防止在运动中出现膝关节外展外旋动作时再度受伤的好方法。

处理:当发生相应损伤后应使用弹力绷带做"8"字形(内侧交叉)压迫包扎并冷敷。如果出现韧带完全断裂的情况则需要利用棉花夹板固定并送往医院接受进一步治疗。

康复训练:伤后 3 天可开始康复训练。康复训练中要注意锻炼到股四头肌和股二头肌的力量练习,以防肌肉萎缩。康复训练中应给予无阻抗静力性收缩和伸屈膝练习,然后再安排一些抗阻动力性伸屈膝练习较为恰当。

(二)膝内侧副韧带损伤

原因:在受到场地、技术、身体状况、准备活动不足、对抗能力与自我保护能力差等多种因素的影响下,致使小腿突然地、过分地内收内旋,或是小腿与足固定的同时大腿突然过分外展外旋等导致的膝关节内翻情况。

症状:伤后膝内侧有明显的肿胀并伴随有压痛感,皮下可能出血,小腿做外展动作或做伸膝动作时痛感加剧,正常部位功能受限。如果出现关节内积血则表明出现了联合损伤,可能关节内韧带出现损伤,甚至半月板也可能出现损伤。

处理：在冷敷一段时间后进行加压包扎。伤后 1 天可根据受伤实际情况选择中药外敷、按摩、理疗等手段进行治疗。如果没有出现膝内侧副韧带完全断裂的情况，应首先止血并做固定。若膝内侧副韧带完全断裂，则必须送往医院接受手术治疗。

五、足踝部常见损伤

（一）踝关节韧带损伤

原因：踝关节韧带损伤以关节外侧韧带损伤最为常见。篮球运动中的急起急停和变向等动作本就会带给运动者踝关节以较大负荷，容易造成踝关节的损伤。此外，在运动中运动者还可能因为跳起落地时踩到别人的脚而使踝关节内旋造成损伤。

症状：损伤后踝关节外侧会出现肿胀并伴随疼痛的症状，可能存在皮下出血，按压有明显压痛感，受伤脚丧失支撑身体或行走功能。

处理：踝关节韧带损伤的常规处理方法主要如下。

（1）冰袋冷敷。当出现踝关节损伤后第一时间使用冰袋冷敷，如果没有冰袋可使用凉水冲洗。这是一种缓解疼痛的应急处理方法，此后还需要接受进一步治疗。

（2）抬高患肢。抬高患肢的目的在于促进脚部静脉回流，防止局部肿胀。

（3）患肢制动。固定受伤脚于稍外翻、跖伸位，以此减轻局部韧带张力和因移动导致的疼痛。

预防：在训练中增加一些脚部、踝部的力量和柔韧训练。如果此前经历过踝关节韧带损伤的运动者还需要在训练中加入踝外旋、足外展外翻、跖步伸展的抗阻练习等特殊训练。另外，在每次训练和比赛前做好脚部的准备活动也是预防踝关节损伤的好办法。

康复训练：针对踝关节韧带损伤的康复训练可分为早、中、后三个时期进行。

（1）早期康复训练的内容可以为在热水浸泡和仰卧抬高患肢的条件下进行踝关节伸屈练习，另外还可做一些跖肌、腓肠肌的被动牵拉练习，但要注意练习的强度和幅度，以不感到疼痛为前提。

（2）中期康复训练的内容可以为动感单车、足滚圆木练习。

（3）后期康复训练的内容可以为起踵练习、足跖伸（踝屈）抗阻练习等,这类训练主要是为了增强踝周、韧带和足伸屈肌群等的力量。

需要说明的是,踝部康复训练过程中或之后脚部有一些肿胀的情况一般来说是正常的,不必太过担心伤势加重,应平卧并抬高患肢予以缓解。

（二）踝关节扭伤

原因:踝关节扭伤的原因多为踩踏到不平整的场地、跳起落地时踩在别人脚上或落地时重心不稳等情况。

症状:伤后踝关节外侧会出现肿胀并伴随疼痛的症状,痛感会逐渐延至踝关节前部,按压后有压痛感,内翻脚部会加剧痛感。

处理:抬高伤肢,如有出血可采用压迫止血法,然后加压包扎。在伤后 24 小时以伤情为依据选择继续治疗的方法,常用方法有外敷药物、理疗、按摩、固定等。

六、其他部位损伤

（一）手指挫伤

原因:篮球运动中出现的手指挫伤损伤多为运动者在做接球或封盖等动作时手的动作有误造成的,并且在运动过程中遇到的一些意外情况也会导致手指挫伤。

症状:受伤手指及周围有肿胀且伴随痛感,手指功能出现障碍等。

处理:应急处理方法为冰敷或凉水冲淋,如无骨骼或韧带方面的硬伤一般休息一段时间症状即可减轻直至消除。

（二）大腿后部屈肌拉伤

原因:当肌肉在做各种动作时出现的主动收缩或被动拉长的幅度超出标准所导致的大腿后部肌肉拉伤。出现这类损伤的外部原因主要为准备活动不足、用力过猛、体能耗竭、技术动作失误、气温过低等。该损伤出现的内部原则主要为相关肌群的训练不足和肌力弱等。

症状:

（1）出现了导致损伤的动作。

（2）拉伤部位僵硬并伴有疼痛,甚至有皮下出血。

（3）伤后在做肌肉活动时损伤处有明显痛感,活动幅度受限。

（4）损伤后触摸伤处可摸到凹陷或肌肉一端肿大。

处理：

（1）轻度肌肉拉伤应在伤后进行冷敷和局部加压包扎。

（2）1～2天后视实际伤情采用按摩或理疗的方法处理，但要注意按摩的手法不要过重，特别是在伤处附近的按摩要格外轻柔。

（3）重度肌肉拉伤应在伤后立即采取加压包扎并做固定，后送往医院接受进一步治疗。

（三）面部损伤

原因：身体对抗中摔倒等出现的碰撞是面部损伤发生的主要原因。

症状：

（1）面部损伤部位有轻度肿胀症状，肿胀程度会逐渐加重。

（2）若面部损伤伤及眼眶、眉区等部位则出现肿胀明显，甚至伴随大量出血。严重的肿胀会波及眼皮，使眼睛无法睁开。

处理：

（1）若只是面部挫伤则在伤后24小时内采用冷敷方式进行消肿，24小时后则改为使用热敷促进皮下瘀斑的吸收。

（2）若面部损伤为裂伤，则应尽快采取清创缝合处理，并打破伤风抗菌素。

（3）若出现骨折或牙齿断裂的情况，则需要送往医院接受针对性治疗。

（4）伤后3～5天可适当采用按摩、理疗、外敷中药等方式治疗。

参考文献

[1] 刘青松. 高校篮球运动教程 [M]. 北京: 中国水利水电出版社, 2015.

[2] 黄滨, 翁荔. 篮球运动 [M]. 杭州: 浙江大学出版社, 2014.

[3] 李彦龙. 篮球运动的本质与价值研究 [D]. 武汉: 武汉体育学院, 2014.

[4] 林克明, 王哲中. 篮球文化价值初探 [J]. 体育文化导刊, 2008 (12): 34-38.

[5] 唐建倦. 现代篮球运动教程: 理论·方法·实践 [M]. 广州: 华南理工大学出版社, 2014.

[6] 张凤珍. 我国竞技体育后备人才培养体制的现状分析及对策 [J]. 体育与科学, 2008 (03): 69-71.

[7] 郭永波. 篮球文化的理论框架构建 [D]. 北京: 北京体育大学, 2004.

[8] 佘艳丽. 高校篮球文化结构与功能研究 [J]. 山西财经大学学报, 2010, 32 (S2): 321+323.

[9] 纪德林. 新视角下的篮球文化内涵、现状与趋势 [J]. 创新创业理论研究与实践, 2019, 2 (05): 4-5+11.

[10] 王莉敏. 高校篮球精神文化探微 [D]. 郑州: 郑州大学, 2015.

[11] 兰珺喆. 高校篮球精神文化研究 [D]. 西安: 西安工业大学, 2012.

[12] 孔蕊. 校园文化视角下篮球文化的探析 [D]. 长沙: 湖南师范大学, 2012.

[13] 刘霞, 何航飞. 高校篮球文化建设探索 [J]. 河南职工医学院学报, 2010, 22 (06): 714-717.

[14] 吉立夫, 张明亮. 高校校园篮球文化建设的策略研究 [J]. 科教文汇(中旬刊), 2020 (02): 22-23.

[15] 任贵武. 浅谈篮球运动对青少年的影响 [J]. 科技资讯, 2018(04): 247-248.

[16] 王小华. 中学特色校园篮球文化建设影响因素探析 [J]. 体育师友, 2019, 42 (06): 69-71.

[17] 张磊 . 我国青少年篮球文化发展平台研究 [D]. 武汉：武汉理工大学,2017.

[18] 薛岚 . 论篮球运动的健身功能与方法 [J]. 北京体育大学学报,2003（04）：566-568.

[19] 陈勇,周欣 . 浅析篮球运动在全民健身运动中的地位 [J]. 科技资讯,2009（07）：231.

[20] 范祖荣 . 大学生对篮球的美学欣赏分析 [J]. 教育教学论坛,2014（11）：168-169.

[21] 蒋小勇 . 论现代篮球运动欣赏 [J]. 体育科技文献通报,2011,19（04）：126-128.

[22] 贾志强,贺金梅 . 篮球基本技术课堂 [M]. 北京：北京体育大学出版社,2015.

[23] 高治 . 现代篮球技战术实践与创新 [M]. 北京：中国书籍出版社,2014.

[24] 尹承昊 . 中国人的篮球体能训练秘籍 [M]. 北京：机械工业出版社,2015.

[25] 许博 . 篮球规则图解——2015[M]. 北京：化学工业出版社,2015.

[26] 范尧 . 我国高校竞技篮球系统自组织演化机制研究 [D]. 长春：东北师范大学,2012.

[27]（美）艾克著 .NBA 篮球训练法 [M]. 高博译 . 北京：化学工业出版社,2013.

[28] 胡安义,肖信武 . 高校篮球技战术教学与实战训练 [M]. 北京：人民体育出版社,2010.

[29] 黄德星 . 篮球训练执教方略 [M]. 昆明：云南大学出版社,2014.

[30] 美国 NBA 体能教练员协会著 . 篮球体能训练 [M]. 张莉清译 . 北京：人民体育出版社,2011.

[31] 胡英清,余一兵,吴涛 . 现代篮球运动科学训练探索 [M]. 北京：中国书籍出版社,2013.

[32] 田麦久,刘大庆 . 运动训练学 [M]. 北京：人民体育出版社,2012.

[33] 王瑞元,苏全生 . 运动生理学 [M]. 北京：人民体育出版社,2012.

[34] 洪晓彬 . 篮球运动心理学研究与应用 [M]. 广州：世界图书出版广东有限公司,2015.

[35] 张钧,张蕴琨 . 运动营养学(第 2 版)[M]. 北京：高等教育出版社,2010.

[36] 张笃超,李湘奇 . 运动损伤康复学 [M]. 北京：人民军医出版社,2008.